Innere Ruhe finden mit

SENBAZURU

Für meine Mutter,
die mir Flügel
zum Fliegen
mit auf den Weg
gegeben hat.

Zu Ehren von Sadako,
die durch das Falten von
Papierkranichen der
Hoffnung Nahrung gab.

Michael James Wong

INNERE RUHE FINDEN MIT SENBAZURU

Die achtsame Kunst einen Papierkranich zu falten

Illustriert von Niki Priest

Aus dem Englischen übersetzt
von Claudia Callies

IRISIANA

Achtsamkeit ist die Kunst, im Augenblick zu leben, die Bereitschaft, innezuhalten und ganz präsent zu sein, bewusst, ohne zu urteilen, während sich der Moment offenbart.

Das Falten von Papier kann eine wunderbare Ausübung von Achtsamkeit sein.

Dies ist das Geschenk von Senbazuru.

In Japan ist der Kranich ein Symbol für Frieden, Hoffnung und Heilung. Dieses mystische und majestätische Geschöpf gilt als Vogel des Glücks und wird, so heißt es, tausend Jahre alt. Eine alte japanische Legende besagt, dass wer in einem Jahr tausend Papierkraniche faltet, von den Göttern einen Herzenswunsch erfüllt bekommt, und auf diese Weise Wohlstand, ewiges Glück und ein langes Leben erlangen kann.

Das Falten von eintausend Kranichen ist keine leichte Aufgabe; es erfordert Mut, Hingabe und Zielstrebigkeit. Das Falten wird sorgfältig und mit Bedacht ausgeführt, jeder Kranich ist ein Sinnbild für Glaube und Inspiration. Das Falten ist eine Reise der Hoffnung, des Willens und der Erkenntnis, der Versöhnung und am Ende der Freude.

Durch das Falten von eintausend Papierkranichen finden wir unseren Weg zur Heilung der Seele und zum wahren Glück.

INHALT

EINLADUNG

ZUM

WANDERN

Ich wünsche Ihnen alles Gute auf Ihrer Wanderung und bin schon gespannt, welchen Weg Sie bei der Lektüre der nachfolgenden Seiten einschlagen werden.

Am Beginn Ihres Weges möchte ich Sie lediglich darum bitten, ihn mit Bedacht zu gehen und keine Eile an den Tag zu legen. Es ist nichts gewonnen, ihn entlang zu hasten, nur um schnell anzukommen. Sie werden in diesem Buch auf vieles treffen, das Sie bei Ihrer Wanderung inspiriert, und wenn Sie auf dem Weg lernen möchten, Papier zu falten, werde ich Ihnen die Techniken zum Falten Ihres ersten Papierkranichs zeigen.

Das ist aber nicht das Ende des Weges – es gibt noch viel mehr zu entdecken, wenn Sie bereit sind, Ihre Wanderung fortzusetzen. Das Buch, das Sie in Händen halten, enthält viele kurze Geschichten und liebevolle Weisheiten, die Sie auf dem Weg zu einem sinnhaften Leben ermutigen. Dies ist die Reise der tausend Schritte zum Glück. Darüber hinaus werden viele schöne Illustrationen in diesem Buch Ihr Auge erfreuen. Jede einzelne wurde von meiner lieben Freundin Niki gemalt, ihre Pinselstriche sind Geschenke, die dazu beitragen sollen, die Worte der Weisheiten zum Leben zu erwecken. Wann immer Sie beim Blättern auf eines dieser kleinen Kunstwerke stoßen, nehmen Sie sich einen Moment Zeit, um innezuhalten und es zu würdigen. Werden Sie gewahr, was Sie sehen, und spüren Sie dem nach, was Sie fühlen. Auch dies ist ein wichtiger Teil der Praxis der Achtsamkeit.

Wenn Sie Zeit haben, möchte ich Sie einladen, das Buch von Anfang bis Ende zu lesen. Die Kapitel folgen einer bewussten Reihenfolge und dienen als Etappen auf Ihrer kraftvollen Reise. Sollten Sie nicht gerade vorwärts, sondern einen anderen Weg gehen wollen, schlagen Sie einfach eine beliebige Seite auf und fangen an zu lesen. Wo auch immer Sie landen, werden Sie genau richtig sein.

Bitte behandeln Sie dieses Buch nicht wie ein Heiligtum. Es darf im Laufe der Zeit gerne Gebrauchsspuren aufweisen. Schlagen Sie es auf, befühlen Sie die Seiten. Eselsohren können zweckmäßig sein, scheuen Sie sich nicht davor, Ecken umzuknicken. Und zögern Sie auch nicht, mit einem Textmarker hervorzuheben, was Sie als besonders wichtig empfinden, dann finden Sie es später leichter wieder.

Ich habe das Buch geschrieben, um die schöne Praxis des Papierfaltens auch anderen Menschen zugänglich zu machen. Sie hat mein Leben und mein Wohlbefinden beflügelt. Die Geschichten in dem Buch sind meine eigenen; sie spiegeln die Art und Weise wider, wie diese Traditionen an mich weitergegeben wurden, und das, was ich auf meinem Weg gelernt habe. Aber unabhängig von den Geschichten gehört die Praxis des Papierfaltens uns allen.

Dieses Buch ist für Sie, egal ob Sie acht oder achtundachtzig sind, jung an Jahren oder jung im Herzen. Ich möchte Sie auch ermutigen, sich gemeinsam mit anderen daran zu erfreuen und es vielleicht in einer Gruppe abwechselnd laut vorzulesen. Und wenn Sie fertig sind, könnten Sie das Buch an andere Menschen weitergeben. Es liegt so viel Freude darin, die Praxis des Papierfaltens gemeinschaftlich auszuüben und sich darüber auszutauschen.

Doch auch, wenn Sie bei der Lektüre lieber ganz für sich sind, wandern Sie auf einem schönen Weg, der sich Ihnen mit der Zeit immer mehr offenbaren wird. Ich bin hier, wenn Sie mich brauchen, bin aber sicher, dass Sie Ihren Weg auch selbst finden werden.

Liebenswürdigkeit
und Eile vertragen
sich nicht.

ALLES IST MÖGLICH

Als Koa aus dem Haus trat, war es noch sehr früh, sodass die Leuchten, die entlang der Straße Wache hielten, noch ganz munter waren, lächelten und miteinander ein wenig plauderten. Jede Leuchte, an der sie vorbeiging, begrüßte sie mit »Guten Morgen, liebe Koa« und verbeugte sich höflich. »Auch Ihnen einen guten Morgen«, flüsterte sie jeweils zurück, während sie den Hügel hinauf huschte.

Es war Montag, Besuchstag, und wie jede Woche an diesem Tag stand Koa frühmorgens auf und machte sich auf den Weg zum Krankenhaus zu ihrem Großvater, der dort schon seit einer ganzen Weile als Langzeitpatient lag. Koa war erst acht Jahre alt, aber trotzdem alleine unterwegs, denn ihre Eltern hatten lange Arbeitstage und schliefen deshalb bis kurz nach Sonnenaufgang, bevor es für sie wieder in die Fabrik ging. Und Koas kleiner Bruder Bailey war noch zu jung, um sie zu begleiten.

Koa, die den Weg zum Bahnhof oben auf dem Hügel in- und auswendig kannte, beschleunigte ihr Gehtempo. Der Zug fuhr um 4:55 Uhr ab, und sie wusste, dass sie es nicht schaffen würde, wenn sie sich nicht beeilte.

»Ich darf den Aufruf zum Einsteigen nicht verpassen«, flüsterte sie vor sich hin. Wenn sie nur zwei Minuten früher das Haus verlassen hätte, wäre sie nicht in dieser Lage, und sie schämte sich für ihren Schlendrian. Koa griff in ihre Tasche und holte das Smartphone heraus, um zu überprüfen, ob sie ihr Ticket bereits bezahlt hatte. In der Vergangenheit hatte sie das auch schon mal versäumt und sich dadurch verspätet. Das wollte sie nun unbedingt vermeiden, denn eigentlich hielt sie sich an den Grundsatz, der ihr in der Schule eingetrichtert worden war: »Sei allzeit bereit!«.

Sie erinnerte sich an etwas, das ihr Großvater zu sagen pflegte, wenn sie ihre »Du und ich«-Spaziergänge machten, wie er sie nannte. Ihr Großvater bevorzugte dabei ein langsames Tempo und blieb oft stehen, um in den Himmel zu schauen, denn er genoss es, die wandernden Wolken zu beobachten. Er sagte: »Die Wolken haben es nie eilig, aber sie kommen immer an, warum sollten wir es nicht genauso halten?« Koa war mit vielen seiner Sprüche nicht unbedingt einverstanden und hielt sie eher für Einbildungen seines alternden Geistes. Doch sie vermisste die Spaziergänge mit ihm und dachte gerne daran zurück.

Eigentlich war es egal, ob sie den ersten Zug verpasste, denn ein zweiter würde nur ein paar Minuten später kommen, und beide hielten direkt vor dem Krankenhaus. Auch mit diesem Zug wäre sie noch früh genug am Ziel. Aber darum ging es Koa nicht: Für sie war einfach Effizienz das A und O im Leben. Die Besuchszeit begann um 7 Uhr morgens, und Koa war stolz darauf, immer die Erste an der Eingangstür zu sein. Andere Besucher, die sie schon kannten, ließen sie manchmal vor, und sei es nur, um ihren ehrgeizigen Geist zu besänftigen.

Als sie den Bahnhof erreichte, stand der Zug bereits abfahrtbereit am Bahnsteig, aber der Lokführer wartete extra noch auf sie. Diese Freundlichkeit half ihr, ihre unruhige Seele zu beruhigen, um die bevorstehende kleine Reise leichter zu bewältigen. Während sie die letzte Treppe zum Bahnsteig hinaufstieg, zog sie den Reißverschluss ihrer Jacke zu; die Zugfenster hatten viele Ritzen, sodass es im Waggon morgens recht kühl war. Die Fahrt in die Stadt dauerte genau zwei Stunden und zwei Minuten, und Koa blickte neugierig aus dem Fenster, während die Welt an ihr vorbeiflog: eine Unmenge von Betonmonolithen und hoch aufragender Gebäude, zwischen denen am Boden die Menschen wie Ameisen wuselten. Sie genoss die Zeit im Zug sehr, und an manchen Tagen wünschte sie sich insgeheim, die Fahrt würde nie enden. Ihr wöchentlicher Ausflug war die einzige Gelegenheit für sie, mit so einem schnellen Zug zu fahren, und sie wusste, dass sie eines Tages, wenn ihr Großvater seine ewige Ruhe gefunden hätte, nicht mehr so schnell in den Genuss dieser Abenteuer kommen würde.

Züge waren eine Ikone der Effizienz, und generell lief heutzutage alles digital ab, sodass menschliche Fehler ausgeschlossen waren. Dies war schon lange vor Koas Geburt eingeführt worden, um zu gewährleisten, dass die Annehmlichkeiten der Vergangenheit den Fortschritt der Zukunft nicht behinderten. Die Kindheit galt nicht mehr als Zeit der Fantasie oder des Leichtsinns, sondern vielmehr als eine organisierte Abfolge von effizienten Vorbereitungen. Das Leben im Allgemeinen war ein reglementierter Zeitplan des Fortschritts und der Technologie. Alles, was als ineffizient galt, wurde als veraltet gebrandmarkt: Gärten, Spielplätze, Bücher, Stricken und Popmusik. Diese und viele andere Dinge wurden nicht mehr geduldet. Jede Tätigkeit, die aus Sentimentalität, Nostalgie oder Vergnügen und nicht aus ehrgeizigen Zielen heraus unternommen wurde, sollte der Vergessenheit anheimfallen. Alles Wertvolle konnte simuliert, digitalisiert, in elektronische Fertigkeiten umgewandelt werden; alles andere wurde nicht mehr gebraucht. Die einzige Priorität im Leben war die Sicherung des Erfolges, und so wurde Althergebrachtes durch Smartphones, Schnellzüge, sprechende Tablets und virtuelle Realität ersetzt. Das Leben verlangte Effizienz statt Erfahrung. Auch die Hoffnung war ein Relikt der Vergangenheit geworden, die wunschgerichtete Perspektive früherer Epochen.

»Piep, piep, piep. Wir haben das Stadtzentrum erreicht«, säuselte die vertraute automatische Stimme über die Lautsprecheranlage, als der Zug langsam zum Stehen kam. »Einen schönen Tag dir, Koa«, sagten die Schiebetüren, während sie in der Spalte zwischen der Stille und der Außenwelt verschwanden. »Ich danke dir, Max. Danke, Mimi«, antwortete Koa und verabschiedete sich mit einem Knicks. Sie zog ihr Kleid glatt und trat auf den Bahnsteig. Die Realität hatte sie wieder.

Koa sah auf die Uhr: 6:57 Uhr – sie würde es pünktlich schaffen. Sie tauchte in das Meer der wimmelnden Pendler ein und ließ sich mit dem Strom auf die Straße hinaustreiben. Von dort ging sie noch ein paar Schritte bis zum Krankenhauseingang. Tick, tack … tick, tack. Genau 7 Uhr. Die Digitaluhr am Empfang begrüßte Koa mit den Worten: »Die Erste, wie immer. Gut gemacht!«. Koa war am Ziel.

Nach dem Durchqueren der Vorhalle erreichte Koa den Aufzug. Sie stieg ein, wählte die Etage und fuhr nach oben bis in den achten Stock, wo sie in den Genesungstrakt hinaustrat. Wie bei jedem Besuch spürte sie, wie die Luft im Krankenhaus von Erinnerungen an vergangene Zeiten erfüllt war. Die Tür von Zimmer 409 war noch geschlossen, aber durch das kleine vertikale Fenster in der Tür konnte Koa sehen, dass ihr Großvater sie schon erwartete.

»Hallo, Opa«, sagte sie.

Der Großvater lächelte mild; trotz seiner Kurzatmigkeit und seiner Gebrechen war er voller Elan. »Hallo, meine herzallerliebste Koa. Du bist so schön, wie die Sonne warm ist. Die Lichter sind heller geworden, jetzt, da du hier bist, und mein Herz quillt über vor Freude, wenn ich dich mit meinen alternden Augen sehe.«

Koa waren die weitschweifigen Komplimente ihres Großvaters eher etwas peinlich; er sprach in Sätzen statt in Worten, eine Ineffizienz des Alters. Trotzdem liebte sie ihn sehr.

Er fuhr fort: »Danke, dass du mich besuchst. Ich habe die ganze Woche darauf gewartet, dich zu sehen und hoffte so sehr, dass du heute kommen würdest, damit wir etwas Zeit miteinander verbringen können.«

»Aber Opa, ich komme doch immer montags – warum hätte ich heute nicht hier sein sollen?«, erwiderte Koa.

Der Großvater lächelte wissend. Er hatte schon einige Sonnenuntergänge von diesem Krankenzimmer aus erlebt und noch viele mehr davor in seinem Leben. Er hatte verfolgt, wie seine Kinder und Enkelkinder unter die Räder der neuen Zeit gerieten und davon überzeugt waren, dass das Leben in Taten und Errungenschaften gemessen wurde. Seine alternde Seele war anders, und wie viele Menschen seiner Generation hatte er tapfer gegen die Flut des Wandels gekämpft.

»Darf ich dich etwas fragen, Koa?«, sagte er.

»Natürlich, Opa«, lautete die Antwort.

»Was weißt du über Papier?«

Koa antwortete: »Ich weiß viele Dinge über Papier. Ich habe eine Menge Bücher darüber in der digitalen Bibliothek in der Schule gelesen und außerdem ein Foto von einer alten Papierrolle im Museum gesehen, als wir letztes Jahr dort waren.« Und sie fuhr fort: »Früher hat man mit Papier Nachrichten an andere Menschen geschickt, so wie wir heute mit unseren Telefonen Nachrichten verschicken, nur viel langsamer.« Sie lachte. »Und Bücher erzählten Geschichten aus der Vergangenheit, sowohl wahre als auch erfundene Geschichten. Papier wurde auch als eine Form von Geld benutzt, um es gegen Dinge einzutauschen, die man kaufen wollte, wie Essen oder Spielzeug.«

Sie hielt inne und blickte ihren Großvater an, um zu sehen, ob sie seine Frage angemessen beantwortet hatte. »Aber Papier scheint sehr ineffizient zu sein, ich bin froh, dass wir diese archaischen Zeiten hinter uns gelassen haben«, fügte sie dann noch hinzu.

Der Großvater lächelte wieder, beugte sich vor und flüsterte: »Aber welches Gefühl gibt dir Papier?«

Nun trat eine längere Stille ein.

»Ich verstehe die Frage nicht«, meinte Koa irgendwann.

Ihr Großvater griff vorsichtig hinüber zu seinem unaufgeräumten Nachttisch. Darauf befanden sich allerlei Nippes, seine Lesebrille, ein Dutzend Teebeutel und eine Schale mit bunten Süßigkeiten. Es war offensichtlich, dass der Großvater einer Generation angehörte, für die Ordnung keine Priorität hatte. Er öffnete die Schublade des Nachttisches, zog einen rechteckigen Gegenstand heraus und setzte sich auf.

Er sah Koa an und fragte sie: »Weißt du, was das ist?«

Mit großen Augen antwortete Koa: »Es ist ein Buch!« Sie hatte noch nie ein richtiges Buch gesehen und staunte, als sie näher herantrat. Eigentlich war es niemandem mehr erlaubt, ein Buch zu besitzen; jedes irgendwo gefundene Exemplar wurde beschlagnahmt, digitalisiert und dann verbrannt. Echte Bücher waren ein Relikt der Vergangenheit, aber das Leben im Heute drehte sich nur noch um die Zukunft.

Koa war total verblüfft über diese Offenbarung ihres Großvaters. Er ging damit schließlich ein großes Risiko ein. Während er in dem Buch zu blättern begann, sprach er leise, um die Krankenschwestern nicht auf sich aufmerksam zu machen, denn er wusste ja, dass er etwas Verbotenes in der Hand hielt. »Dies ist ein Buch wie kein anderes. Ich bin mir sicher, dass du so etwas noch nie gesehen hast. Es ist ein Unikat.« Er winkte seine Enkelin näher zu sich und übergab ihr seinen Schatz.

Mit leicht zittrigen Händen nahm sie das Buch und hielt es fest. Es war schwer, aber es fühlte sich angenehm an. Sein Einband war dünn und schon etwas brüchig, die rote Farbe verblasst vom Alter und Sonnenlicht.

»Warum ist dieses Buch so etwas Besonderes, Großvater? Was steht denn darin?«, fragte Koa. »Es steht nichts darin; die Seiten sind leer«, gab er zur Antwort.

Koa sah sich die Buchseiten beim Durchblättern näher an – tatsächlich, sie waren leer, unberührt vom Regiment der Wörter und Zeilen, unbefleckt und unbeschrieben.

Koa hatte noch nie unbedrucktes Papier gesehen. Dies war wirklich eine Rarität.

Sie schaute ihren Großvater an und bemerkte, dass seine Züge weicher geworden waren; seine müden Lider hingen schlaff herunter, und er hielt die Augen nur mit großer Anstrengung offen. »Ich möchte es dir schenken, Koa. Dieses Papier gehört jetzt dir.« Sie konnte sehen, dass ihn bald der Schlaf übermannen würde.

»Aber Großvater, was soll ich damit machen?«

»Alles, was du willst, mein Schatz. Es ist ein Geschenk des Neuanfangs. Es ist ein Raum für deine Vorstellungskraft und dein Staunen, es erlaubt alles und urteilt nicht. Seine Möglichkeiten sind endlos. Denke immer daran, dass die Zukunft ungeschrieben ist.«

Er lächelte sanft, seine Augen wurden weicher und sagten:

»Aber wenn wir Papier haben, ist alles möglich.«

An manchen Tagen braucht es keine Worte. Gib dir Raum, um zu erkennen, was sich dir offenbart.

WAS ICH BEIM PAPIERFALTEN GELERNT HABE

Meine Mutter brachte mir schon sehr früh bei, wie man Papier faltet. Vielleicht war es für sie ein Weg, einen Wildfang zu beruhigen, oder vielleicht wollte sie einfach den Samen der Achtsamkeit säen. Wie nicht anders zu erwarten, gab es anfangs viel Ärger und Enttäuschung. Ich wollte alles ganz genau richtig machen, hatte aber nicht die Geduld, mich eingehend mit den Anleitungen zu befassen. Auch wenn ich noch so konzentriert arbeitete, produzierten die stumpfen Fingerspitzen unter meinem jugendlichen Überschwang viele ganz und gar unperfekte Faltungen. In dieser Phase machte mir das Falten wenig Freude; ich ging zu überhastet vor und war außerdem überehrgeizig.

Der Rat meiner Mutter lautete: »Mach langsam. Denk nicht darüber nach, wo du am Ende landen wirst. Konzentriere dich nur jeweils auf den Falz, den du gerade machst, nur er ist wichtig.« Mit der Zeit habe ich dann meinen Weg gefunden und gelernt, nicht immer perfekt sein zu wollen.

Beim Falten von Papier habe ich außerdem gelernt, kein bestimmtes Ergebnis zu erwarten. Manchmal zerknicken die Ecken beim Falten oder die Faltkanten sind nicht ausgeprägt genug, und ein anderes Mal entstehen mühelos wunderschöne Kraniche. Mir ist klar geworden, dass unabhängig vom Ergebnis der Vorgang des Faltens wertgeschätzt werden sollte, nicht das Endprodukt. Jeder Moment soll achtsam erlebt werden.

Diese Praxis ist eine Erkundungsreise, ein kontinuierlicher Weg der behutsamen Verfeinerung, auf dem wir viele Dinge ausprobieren und wenig urteilen. Wir müssen daran denken, uns von unserer Neugier leiten zu lassen und mutig genug zu sein, immer weiter zu gehen, auch wenn wir zwischendurch ab und zu auf Irrwegen wandeln. Das Leben ist wie das Falten von Papier eine Reise der kleinen Schritte, also nehmen Sie sich die Zeit, es sich sanft entfalten zu lassen, welche Form auch immer es annehmen mag.

Im Laufe meines Lebens habe ich mir oft Gedanken darüber gemacht, wie hektisch das Leben geworden ist, und ich habe mich gefragt, warum die Menschen alles sofort haben und direkt belohnt werden wollen. Jeden Tag werden wir von dem Tempo und den Wechselfällen des Lebens abgelenkt, aber vielleicht bewegen wir uns einfach zu schnell, auf der Suche nach einer Erfahrung, die in Wirklichkeit eine langsamere Gangart erfordert? Was würde verloren gehen, wenn wir langsamer unterwegs wären? Und was würden wir dabei aber gewinnen? Vielleicht können wir uns auf sinnvolle Weise auf einen neuen Weg begeben, der sich sanft, Schritt für Schritt, vor uns entfaltet.

Das ist die Praxis der Achtsamkeit. Die Gabe des Papierfaltens.

Ich möchte Sie also auf eine ruhige Wanderung einladen, auf der wir unsere Seele heilen und unseren Weg zum Glück neu definieren. Dieses Buch ist eine Praxis der Achtsamkeit, daher möchte ich Sie bitten, beim Lesen keine Eile an den Tag zu legen. Überstürzen Sie nichts. Nehmen Sie sich die Zeit, um sich an jeder Seite zu erfreuen. Es gibt eine Menge zu entdecken – nämlich das, was sich uns zeigt, wenn wir unser Lebenstempo drosseln.

Ich gehe meinen Lebensweg heute sehr behutsam und verbringe meine Zeit damit, mich an scheinbar Alltäglichem zu erfreuen. Aus dem Fenster zu schauen, ist für mich zu einem angenehmen Zeitvertreib geworden. Ich genieße es auch immer mehr, die Tiefen meiner eigenen Neugierde auszuloten. Selbst wenn dies hin und wieder länger dauert als erwartet, ist es zu einer Quelle des Glücks geworden. Manchmal äußern sich andere Menschen kritisch über meine Art, manchmal lobend, aber darauf höre ich nicht, denn es ist nun mal mein Weg, und ich bin froh, ihn in meinem eigenen Tempo zurückzulegen. Ich habe gelernt, dass Schnelligkeit und Fortschritt nicht Hand in Hand gehen, auch wenn uns das Leben immer wieder einflüstern will, wie dringlich doch gerade alles sei.

In meinen jungen Jahren war Stille kein Vergnügen für mich, sondern wurde von mir eher als Strafe empfunden. Im Laufe der Jahre jedoch betrachtete ich die Momente der Ruhe und Einsamkeit, die mir gewährt wurden, zunehmend als Geschenk. Ich probierte viele Methoden aus, die mir halfen, zur Ruhe zu kommen, und die Zeit selbst war mein größter Lehrmeister. Mir ist klar geworden, dass Erfolg etwas rein Subjektives ist und dass Glück nicht durch Leistungen, sondern durch Erfahrungen definiert wird.

Als Meditationslehrer werde ich oft gefragt, ob diese Lebensweise ein Nebenprodukt meiner Meditationspraxis ist, und im Großen und Ganzen kann ich das bejahen, oder zumindest hoffe ich es. Meditation und andere kontemplative Praktiken haben mir geholfen, die scharfen Kanten des Lebens abzuschleifen. Ich bin nicht anders als Sie oder irgendjemand sonst, ich habe einfach gelernt, mein Leben zu entschleunigen und meinem Seelenfrieden Vorrang zu geben.

Es freut mich sehr, dass sich heute immer mehr Menschen dafür entscheiden, ruhigere Praktiken und Momente in ihr Leben zu integrieren. Nur bei echter Nachfrage schaffen es Bücher wie diese überhaupt in die Welt hinaus. Noch vor relativ kurzer Zeit war die Welt überhaupt nicht für eine Verschnaufpause bereit. Im Jahr 2016 gründete ich *Just Breathe*, eine Achtsamkeits- und Meditationsgemeinschaft, die leisere Töne und echte zwischenmenschliche Beziehungen fördert. Sie begann zunächst in London und hat sich im Laufe der Jahre weltweit ausgeweitet, mit Tausenden von Menschen, die zu Versammlungen, Veranstaltungen und stillen Momenten zusammenkommen, um tiefer in die menschliche Erfahrung einzutauchen. Es ist eine Freude zu sehen, wie unser Austausch zunimmt, und ich glaube, dass eine sanfte Revolution in größerem Umfang stattfindet, jetzt mehr denn je.

Im Laufe der Jahre habe ich mir angewöhnt, bei den Veranstaltungen die Gäste im Raum zu begrüßen, indem ich sie einlade, einen Papierkranich zu falten. Diese traditionelle Praxis hat mir immer so viel Wohlbefinden und Gegenwärtigkeit verschafft, dass ich sie auch anderen zeigen möchte. Menschen, die zum ersten Mal zu unseren Veranstaltungen kommen, sind manchmal verwirrt: Wie kann das Falten eines Papierkranichs eine achtsame Praxis sein? Ist das nicht einfach eine Bastelei zum Zeitvertreib? Meine Antwort ist immer die gleiche: »Bitte, versuchen Sie es einfach und warten Sie ab, was dabei herauskommt.«

Es bereitet mir immer Freude, Menschen zuzusehen, die zum ersten Mal versuchen zu falten. Zu beobachten, wie die Skeptiker allmählich begreifen, dass wirklich ihre volle Aufmerksamkeit gefordert ist. Das ist das Geschenk dieser Achtsamkeitsübung: unsere Erwartungen loszulassen und einfach im Augenblick zu sein. Denken Sie daran: Aufmerksamkeit und Erfolg sind unterschiedliche Zielsetzungen.

Auf den Seiten dieses Buches werde ich Sie in die Kunst des Papierfaltens einführen und Ihnen von Senbazuru erzählen, der Tradition der tausend Papierkraniche (Sen = tausend; orizuru = Papierkranich). Bezüglich der Tradition des Faltens von tausend Papierkranichen heißt es, dass wir dabei genauso viel über uns selbst lernen wie über das Falten von Papier, und gemeinsam können wir uns auf unserem Weg zu einem erfüllten Leben inspirieren lassen.

Einige der Leser:innen dieses Buches haben vielleicht schon ab und zu Papier gefaltet, und wenn das auf Sie zutrifft, freue ich mich, dass Sie weiterlesen, denn Sie sind mit der Kraft dieser Kunst ja bereits vertraut. Andere kennen das Papierfalten möglicherweise noch aus der Schulzeit – möge dieses Buch dann eine nostalgische und inspirierende Wiederbegegnung für sie sein. Ich hege aber auch die Hoffnung, dass einige von Ihnen sich noch nie an dieser Kunst versucht haben, denn es gibt kaum eine schönere Freude als die, etwas Neues für sich zu entdecken.

Ich habe das Falten von Kranichen immer als beruhigend empfunden. Diese kleinen, zarten Geschöpfe verkörpern den menschlichen Geist; sie sind schön und komplex, verletzlich und doch unverwüstlich. Wenn wir sie als Senbazuru in großer Zahl entstehen lassen, erinnern sie uns daran, wie mächtig wir gemeinsam sind.

In unserer heutigen Welt mit ihren vielen Ablenkungen bin ich mehr denn je davon überzeugt, dass wir konkrete Anwendungen für unsere Achtsamkeitspraxis brauchen. Die Welt bewegt sich zu schnell, als dass Menschen nur mit Worten überzeugt werden können, und Meditation hilft hier auch nicht viel weiter. Für mich als Lehrer ist das Falten von Papierkranichen zu einer wertvollen Gewohnheit geworden, die ich weitergeben kann, eine Praxis, die eine unmittelbare Erfahrung auf eine sinnvolle Weise ermöglicht. Augenkontakt und gutes Zuhören sind zwei weitere Techniken, die ebenfalls bemerkenswert gut funktionieren. Und so ist dieses Buch entstanden, eine Achtsamkeitspraxis, die Sie lehrt, wie man Papier faltet, und Ihnen darüber hinaus liebevolle Weisheiten vermittelt, die Sie auf dem Weg zu einer fröhlicheren und freundlicheren Lebensweise begleiten.

In einer immer hektischer werdenden Welt, in der Geduld zu einem Fremdwort geworden ist, soll Senbazuru einen radikalen Perspektivenwechsel ermöglichen, um innezuhalten und sachte voranzuschreiten. Glück ist kein Ziel, das man über Nacht erreichen kann. Stattdessen müssen wir behutsam und zuversichtlich vorgehen. Senbazuru ist kein Buch mit sieben Siegeln, sondern eine einfache Erinnerung daran, dass das Leben eine langsame Wanderung aus vielen Schritten ist. Jeder Schritt hat dabei die gleiche Wichtigkeit wie der vorhergehende.

Im Folgenden finden Sie zwölf Kapitel, eines für jeden Schritt des Papierkranichfaltens. Mein Wunsch ist, dass Sie die Faltungen lernen und Ihre eigene Praxis in der Kunst des Senbazuru kultivieren. Ich werde mit Ihnen teilen, was ich bisher darüber weiß.

Die zwölf Kapitel wiederum sind auf drei Abschnitte verteilt, von denen jeder seine eigene Absicht verfolgt. Zusammen werden sie Sie vorwärts und nach innen führen. Im ersten Abschnitt geht es um Hoffnung, um universelle Wahrheiten, die wir beim Blick in die Zukunft begreifen können. Er enthält auch einige sanfte Erinnerungen daran, dass positive Veränderungen möglich sind, wenn man dazu bereit ist, anderen mit Güte zu begegnen. Das Thema des zweiten Abschnitts ist Heilung, ein Weg zurück nach Hause für diejenigen, die sich vielleicht verirrt haben. Wenn wir leiden, müssen wir lernen, in die Gegenwart zurückzukehren und uns von den Versuchungen und Traumata zu lösen, die uns in der Vergangenheit festhalten. Im dritten Teil schließlich geht es um Glück, ein Gefühl, dem wir so viel Zeit unseres Lebens hinterherjagen, anstatt es einfach zu leben. Lassen Sie sich dadurch helfen, Ihren Weg zu finden. Denken Sie daran, dass man das Leben am besten in kleinen Schritten genießen kann.

Zwischen den Kapiteln finden Sie kurze, aus meiner Feder stammende Lebensweisheiten, die ich Ihnen ans Herz legen möchte. Rufen Sie sich diese liebevollen Weisheiten immer mal wieder in Erinnerung, gerade vielleicht auch in Zeiten, in denen Sie schwanken, zweifeln oder traurig sind. Ich wünsche Ihnen, dass Sie dann Trost und Frieden in diesen Worten finden.

Wer seinen Ehrgeiz daransetzt, anzukommen, wird die Schönheit des Ankommens nie erfahren.

EINE ACHTSAMKEITSPRAXIS

Die Praxis des Papierfaltens kann ich jedem empfehlen, der nach einem sinnhaften Weg der Entschleunigung sucht. Nachstehend finden Sie fünf einfache Grundsätze, mit denen ich gute Erfahrungen gemacht habe und die ich auch Ihnen mit auf Ihren neuen Weg geben möchte.

Schaffen Sie sich den Raum zum Falten – Wenn Sie mit dem Falten beginnen, nehmen Sie etwas Abstand von der Hektik Ihrer Alltagsroutine und legen Sie keinerlei Eile an den Tag. Gönnen Sie sich einen Augenblick Zeit, um sich sowohl physisch als auch geistig vorzubereiten. Suchen Sie sich eine freie Fläche, auf der Sie arbeiten können, und achten Sie darauf, dass sich nichts in Ihrem Blickfeld befindet, was Sie ablenken könnte. Getränke, Essenskrümel oder eine schmutzige Oberfläche können Ihr Papier beschädigen, also nehmen Sie sich die Zeit, den Platz freizumachen. Ich rate Ihnen Ihr Smartphone nicht in der Nähe zu haben, denn oft wirkt allein schon das pure Vorhandensein eines solchen Geräts ablenkend.

Bevor Sie beginnen, sollten Sie einen Augenblick innehalten und einfach still dasitzen. Das ist besonders hilfreich, wenn Sie einen anstrengenden Tag hinter sich haben oder sich gestresst oder unruhig fühlen. Ich habe die Erfahrung gemacht, dass das Falten von Papier, wenn man aufgeregt ist oder unter Druck steht, eher zu Frustrationen führt. Lassen Sie sich also Zeit. An manchen Tagen kann das Falten aber auch ein guter Weg sein, um sich zu beruhigen oder zu entspannen. Bei Stress ist es immer hilfreich, sich auf nur eine einzige Aufgabe zu konzentrieren, besonders in Momenten, in denen der Verstand überbeschäftigt ist und die Aufmerksamkeit leidet. Lassen Sie das Papierfalten in solchen Momenten eine Übung der Gelassenheit sein, nicht der Erwartung.

Gehen Sie behutsam vor – Sie werden in diesem Buch noch öfters lesen, dass Sanftmut eine notwendige Eigenschaft in unserem Leben ist – heute mehr als je zuvor. Wenn wir Papier falten, ist es nicht die Stärke unseres Willens oder die Kraft unserer Finger, die uns zum Erfolg führt, sondern vielmehr unser Fingerspitzengefühl, im wörtlichen wie im übertragenen Sinn. Begegnen Sie Menschen oder stressigen Situationen in Ihrem Leben mit Respekt, Geduld und Behutsamkeit. Und wenn Sie Papier falten, gehen Sie genauso vor.

Eine Faltung nach der anderen – In unserer Hast können wir leicht in Versuchung geraten, zu schnell vorzugehen und in Gedanken jeweils schon beim nächsten Schritt zu sein. Wir müssen uns immer wieder daran erinnern, langsamer zu werden, konzentriert einen Falz nach dem anderen durchzuführen und dabei voll bei der Sache zu sein.

Konzentrieren Sie sich auf Ihre Aufgabe – Sich ganz einer Sache zu widmen, macht das Leben unkomplizierter. Beim Papierfalten geschieht das zuerst im Kopf, danach folgen die Finger. Es ist wichtig, an einer einmal getroffenen Entscheidung festzuhalten. Wenn Sie also einen Kranich falten möchten, dann bleiben Sie dabei, und wenn Sie sich entschieden haben, tausend Kraniche zu falten, dann tun Sie Ihr Bestes, um diese Aufgabe zu vollenden, und weichen Sie von diesem Ziel nicht ab. Beim allerersten Papierkranich, an dem Sie sich versuchen, konzentrieren Sie sich einfach auf jede einzelne Faltung, eine nach der anderen. Halten Sie sich nicht damit auf, wenn mal eine nicht so gut gelingt. Es ist nur eine Frage der Zeit, bis Ihre Hingabe Früchte trägt.

Zelebrieren Sie, was sich entfaltet – Seien Sie nicht so kühn zu glauben, Sie könnten das Ergebnis Ihrer Versuche vorhersagen. Sie sollten auch nicht enttäuscht sein, wenn das, was Sie geschaffen haben, nicht Ihren Erwartungen entspricht (ich weiß schon, das ist manchmal leichter gesagt als getan). Freuen Sie sich stattdessen über das, was sich bei jedem Schritt auf dem Weg offenbart, und finden Sie Gefallen an Ihren Erfahrungen. So oft im Leben klammern wir uns an das, was unserer Meinung nach geschehen sollte oder könnte und übersehen das, was tatsächlich passiert. Verschwenden Sie keine Zeit damit, über die Zukunft zu spekulieren, sondern genießen Sie einfach jeden Schritt auf dem Weg und denken Sie daran, dass die Geschwindigkeit auf der Reise keine Rolle spielt. Das war für mich die wichtigste Lektion im Leben und beim Papierfalten.

ERSTE SCHRITTE

Zeit zum Aufbrechen

Nehmen Sie sich einen Moment Zeit, um sich den vor Ihnen liegenden Weg und die zarte Form eines Papierkranichs vorzustellen. Falls Sie zum ersten Mal einen Kranich falten, sollten Sie nichts überstürzen, sondern erst beginnen, wenn Sie wirklich bereit sind. Und für alle, die schon öfters Kraniche gefaltet haben, gilt: All diese Kraniche sind Vergangenheit, es geht jetzt nur noch um die vor Ihnen liegende Aufgabe. Konzentrieren Sie sich, seien Sie ganz bei sich und machen Sie sich selbst das Geschenk des Papierfaltens.

Wählen Sie das Papier aus

Für den Anfang ist prinzipiell jedes Papier geeignet – ein Stück Zeitung, ein Notizbuchblatt oder vielleicht ein nicht mehr gebrauchter Brief. Das Schöne an der Kunstform des Papierfaltens ist, dass sie alle willkommen heißt und für jeden zugänglich ist, unabhängig von den Lebensumständen eines Menschen – beim Falten von Papier sind alle gleich. Es gilt lediglich, dass das Papier quadratisch sein muss. Papier mit nicht vier gleichlangen Seiten muss vor dem Falten entsprechend zugeschnitten werden.

Wenn Sie nach den ersten Versuchen »richtiges« Faltpapier verwenden möchten, können Sie in entsprechenden Läden klassisches Origami-Papier kaufen, *Kami*, wie es auf Japanisch heißt. Es ist dünn, aber sehr widerstandsfähig. Origami ist die Kunst des Papierfaltens, *ori* bedeutet »falten« und *kami* »Papier« (*kami* wird beim Konjugieren zu *gami*). Faltpapier gibt es in allen möglichen Größen, Sie haben die freie Wahl. Denken Sie daran, dass diese Praxis eine Kunst ist, keine Wissenschaft, es geht nicht um Perfektion.

Heutzutage ist Kami leicht zu finden; es gibt viele Einzelhändler und Online-Shops, die eine große Auswahl anbieten. Ich rate Ihnen, verschiedene Arten und Größen auszuprobieren, bis Sie die Papierart gefunden haben, die Ihnen am meisten zusagt.

Bei der Wahl der Papierdicke und des -gewichts ist ein leichtes und griffiges Papier zu bevorzugen. Ein dickes, strukturiertes Papier fühlt sich zwar angenehm an, aber es ist damit schwieriger, saubere Falze zu machen. Ich bevorzuge ein Papiergewicht von etwa 25 g/m^2, also deutlich dünner als beispielsweise Papier, das man als Druckerpapier verwendet (meistens 80 g/m^2). Dieses Gewicht ermöglicht sehr saubere Faltungen.

Entscheiden Sie sich für eine Farbe

Bei der Auswahl der Farbe Ihres Papiers gibt es zwei Möglichkeiten: den traditionellen Weg oder Ihren eigenen Weg – und beide machen Sinn. In Japan stehen die Farben traditionell für die Emotionen im Leben. Dementsprechend repräsentiert jede Farbe ein Gefühl oder eine Eigenschaft, die in und auf den Flügeln eines jeden Vogels zum Ausdruck kommt.

Traditionelle Farben und ihre Bedeutungen

Dunkelrot	Innere Stärke und Schönheit, ein Bekenntnis zu unserer Widerstandsfähigkeit. Eine Verbindung ohne Worte.
Rot	Symbolisiert ein tiefes Verlangen und leidenschaftliche Liebe.
Rosa	Freundschaft, Zärtlichkeit und Glück; die Farbe, die ein Gefühl der Zugehörigkeit vermittelt.
Orange	Steht für Energie und Enthusiasmus, für Lebensfreude und Entdeckergeist.
Gelb	Sonnenschein, ein Gefühl von Freiheit und Freude und die Verheißung eines Sonnenaufgangs, die Farbe des Neubeginns.
Gold	Symbolisiert ewige Treue und ehrenhafte Handlungen; die Farbe der Langlebigkeit.
Grün	Symbolisiert Heilung, die Chance zu wachsen wie eine Blume in einem Garten.
Blau	Steht für Vertrauen und ehrlichen Glauben, eine Verbindung zu unserer Spiritualität; die Farbe der Hoffnung.
Violett	Steht für Ehrbarkeit und Tradition und für die Bedeutung von Respekt.
Schwarz	Steht für Stabilität, starke Wurzeln und Fundamente und ein Gefühl der Stärke.
Silber	Eleganz und Dinge, die man zu schätzen weiß.
Weiß	Unschuld und Reinheit, ein Bedürfnis nach Einfachheit.

Eine andere Möglichkeit, Ihr Papier auszusuchen, besteht darin, einfach die Farben zu wählen, die Ihnen gefallen. Auch das hat einen tieferen Sinn. Möglicherweise haben bestimmte Farben für Sie eine spezielle Bedeutung, und wenn das der Fall ist, lassen Sie sich davon bei Ihrer Wahl inspirieren. Manchmal falte ich mit blauem Papier, weil es die Lieblingsfarbe meiner Nichte ist; an anderen Tagen wähle ich Grün, weil es mich an die Natur, das grüne Gras und die Bäume erinnert. Ich möchte Sie auf jeden Fall ermutigen, nach Ihren eigenen Vorlieben zu wählen und sich nicht von Traditionen leiten zu lassen, die Ihnen vielleicht gar nichts sagen. Es geht schließlich um Ihr persönliches Wohlgefühl beim Gestalten.

Manchmal, wenn wir zu viele Entscheidungen zu treffen haben, kann sich das überwältigend und kompliziert anfühlen. Wenn ich Ihnen etwas zu traditionellen Mustern und Bedeutungen von Farben erzähle, möchte ich Ihnen dadurch das Falten nicht verkomplizieren. Nicht jeder Kranich muss einen Sinngehalt haben: Manchmal ist weniger mehr. Auch ich falte oft einfach nur so aus Spaß, mit dem Papier, das ich gerade habe. Belasten Sie sich nicht mit Bedeutung. Die Praxis liegt im Falten, nicht in der Auswahl der Farbtöne.

Suchen Sie sich ein Muster aus

In Japan steht der Begriff *chiyogama* für sich wiederholende Muster und Designs. Auch Origami-Papier ist mit solchen Mustern erhältlich. Viele sind von der japanischen Kultur und Geschichte inspiriert. Seitdem ich Papier falte, habe ich schon viele, viele schöne Papiermuster gesehen. Einige Muster haben in der japanischen Tradition eine bestimmte Bedeutung, sie repräsentieren zum Beispiel die Wellen des Ozeans oder typische Muster auf einem Kimono. Andere erzählen die Geschichte einer Familie und stehen für das Erbe der Vergangenheit. Oft vermitteln die Muster eine bestimmte Botschaft oder einen Gedanken, der jedem Kranich eine gewisse Aussagekraft verleihen kann. Wählen Sie das Muster mit Bedacht aus, wenn Sie sich davon inspirieren lassen wollen.

Traditionelle Muster und ihre Bedeutungen

Seigaiha – *Ebbe und Flut*

Kikkou – *Langlebigkeit*

Yagasuri – *Entschlossenheit*

Shippo – *Harmonie und Frieden*

Kiku – *Verjüngung*

Asanoha – *Gute Gesundheit*

Faltfinger

Es gibt viele verschiedene Techniken zum Falten von Papier, aber ich werde Ihnen die Art und Weise zeigen, wie sie mir beigebracht wurde, nämlich mit drei Fingern: dem Daumen, dem Zeige- und dem Mittelfinger. Das Falten mit diesen drei Fingern ermöglicht Ihnen die Gleichmäßigkeit, mit der Sie jede Faltung bewusst kontrollieren können.

Der Anker – Ein Finger muss immer der Anker sein, der für Stabilität und Sicherheit sorgt, bevor ein Falz gemacht wird. Ein Anker ist schwer und stabil und bei einer Faltung somit der erste Schritt, um sicherzustellen, dass sich das Papier nicht bewegt oder weggeweht wird. Ein starker Anker ist ein Symbol für Unterstützung und Selbstlosigkeit. Er ist nicht der Finger, der den Falz ausführt, sondern die Standfestigkeit und Sicherheit, die es den anderen ermöglicht, den nächsten Schritt zu tun.

Die Führung – Sobald der Anker gesetzt ist, übernehmen die anderen Finger die Führung. Sie drehen das Papier in die richtige Position und bereiten die eigentliche Faltung vor. Diese Finger müssen präzise sein und Ecken exakt aufeinanderlegen oder Kanten exakt ausrichten, sodass ein scharfer Falz gemacht werden kann. Jede Faltung ist ein Lernprozess, machen Sie sich also keine Gedanken, wenn es mit der Exaktheit mal nicht so klappt. Sie können sich so viel Zeit nehmen, wie Sie brauchen, um sich in der Abfolge der einzelnen Vorgänge sicher zu fühlen.

Durchführung der Faltung – Wenn Sie bereit sind, falten Sie, aber vergessen Sie nie: Es besteht keine Eile. Benutzen Sie möglichst die ganze Zeit über dieselben beiden Finger. Nötigenfalls können Sie aber auch Ihre anderen Finger zur Hilfe nehmen. Denken Sie daran: Wie im Leben funktionieren die Dinge besser, wenn wir zusammenarbeiten.

Zu guter Letzt ist es wichtig zu erwähnen, dass sich die Aufgaben der einzelnen Finger ändern können und je nach Faltung jeder Finger eine andere Rolle spielt oder bei manchen Faltungen ein Finger mehrere Aufgaben hat. Nehmen Sie sich einfach Zeit und seien Sie beim Falten konzentriert und aufmerksam, dann klappt das schon.

Der perfekte Falz

Sobald Sie die Finger beim Falten richtig einsetzen, können wir uns mit der Art und Weise befassen, wie Sie einen zweckmäßigen Falz machen. Eine gelungene Faltung besteht aus drei Phasen: der Absicht, der Handlung und dem Abschluss, oder einfacher ausgedrückt, einem Anfang, einer Mitte und einem Ende.

Die *Absicht* ist das, was wir tun und wie wir falten wollen. Dies ist der Anfang bei der Vorbereitung auf eine Faltung. Zum Beispiel kann dies Schritt 5 sein, bei dem wir den oberen Teil der Drachenform nach unten knicken, um die in Schritt 6 folgende Muschelfaltung zu ermöglichen (machen Sie sich im Moment keine Gedanken über diese Bezeichnungen; sie werden später noch genauer erklärt). Wir müssen eine Vision davon haben, wo wir hinwollen, das ist der erste Schritt zu einem zielgerichteten Falten.

Der nächste Schritt ist die *Handlung*, ein Schritt, der von Herzen kommen muss, weil es ein Sprung ins Ungewisse ist. Hierbei wird das Papier unmittelbar für den eigentlichen Falz vorbereitet. So werden in diesem Schritt zum Beispiel die Ecken und Kanten ausgerichtet, oder das Papier wird gebogen. In diesem Moment ist ein klarer und konzentrierter Geist nötig, aber auch eine sanfte und gefühlvolle Vorgehensweise.

Der letzte Schritt bei jeder Faltung ist der *Abschluss*. Als ich anfing, Papier zu falten, fand ich diese Phase am beängstigendsten, weil sie endgültig ist und man oft erst nach dem Falten weiß, ob das Endergebnis gelungen ist. Ich habe in meinem Leben schon viele unvollkommene Faltungen produziert. Aber selbst solche Faltungen sind nicht »falsch«, wenn man sich Mühe gegeben und eine sinnhafte Absicht verfolgt hat. Bleiben Sie also positiv gestimmt und lernen Sie solche Momente schätzen.

Ich habe festgestellt, dass es für mich am einfachsten ist, wenn das Papier auf einer harten und festen Unterlage liegt, denn man muss sich schon ein wenig anstrengen, damit die Faltkanten scharf und ausgeprägt werden. Ich bevorzuge es, mit dem Zeigefinger zu falzen und fest zu drücken, während ich ihn entlang der Faltlinie führe; manche Leute nehmen dafür aber lieber den kräftigeren Daumen.

Probieren Sie verschiedene Techniken aus oder kreieren Sie Ihre eigene, und Sie werden bald wissen, was Ihnen am besten liegt. Hier sind drei Techniken, mit denen mir Falze in der Regel gut gelingen.

Ende zu Ende – Dies ist vielfach die einfachste Technik, um präzise zu arbeiten. Beginnen Sie an einem Ende des Papiers und drücken Sie mit einem Ankerfinger fest auf die Ecke; von dort aus ziehen Sie mit der anderen Hand die Linie des Falzes nach. Mit dem Zeigefinger erzielen Sie wahrscheinlich die größte Genauigkeit. Ich empfehle, dreimal mit dem Finger über den Falz zu fahren, um sicherzustellen, dass er messerscharf ist. Das erste Mal dient dazu, den Falz zu fixieren, und mit dem zweiten und dritten Mal stellt man sicher, dass er wirklich hält. Dies ist besonders hilfreich, wenn die Faltung schräg oder asymmetrisch ist, wie zum Beispiel bei Schritt 4 des Papierkranichs, bei dem die Dreiecksformen zur Mitte eingefaltet werden.

Von innen nach außen – Die andere Technik nenne ich »Innen-nach-außen-Falz«. Dabei legt man zwei Finger, normalerweise die beiden Zeigefinger, in die Mitte des Falzes. Fest andrücken und dann von der Mitte aus entlang der Faltlinie wegziehen, bis man das Ende oder die Ecke erreicht. Dies eignet sich gut, wenn die Faltungen symmetrisch zur Form sind.

Zweifachfaltung – Bei den von mir so genannten Zweifachfaltungen wird das Papier nach einer zuvor durchgeführten Faltung wieder entfaltet. Diese Art der Faltung ist in der Regel dazu gedacht, eine »Angelpunktlinie« oder Falzlinie zu erzeugen. Für eine Zweifachfaltung machen Sie zuerst eine Faltung und drehen dann das Papier um und falten auch auf die andere Seite, sodass das Papier am Ende wieder ganz flach ist. Ein Falz ist entstanden, aber das Papier bleibt nicht in der gefalteten Form. Ein gutes Beispiel hierfür wäre wiederum Schritt 5, in dem bei der Dreiecksfaltung das Dreieck wieder aufgeklappt wird, nachdem durch die Faltung eine Linie entstanden ist, die die nachfolgende Muschelfaltung ermöglicht.

Hilfsmittel

Eine Sache, die ich durch meine eigenen Missgeschicke gelernt habe, ist, dass man bei der Arbeit mit Papier nicht mit allzu viel Kraft vorgehen sollte. Vor allem, wenn man einen neuen Falz macht, kann dies verlockend sein, geht aber auf Kosten des Feingefühls. Ich habe schon die Flügel vieler Kraniche beschädigt, weil ich zu hastig und dementsprechend ungeschickt vorgegangen bin. Nehmen Sie sich Zeit, führen Sie in aller Ruhe eine Faltung nach der anderen durch und finden Sie den Rhythmus in Ihrer Technik. Ich bin im Laufe der Jahre auf viele kleine Tricks gekommen und verwende bei bestimmten Faltungen jetzt oft zusätzliche Hilfsmittel wie das Ende eines Bleistifts. Sie können sehr hilfreich sein, um vorsichtig unter die problematischen Ecken oder Falze des Papiers zu gleiten. Auch ein schweres Buch kann nützlich sein, um eine Faltung zu vertiefen. Daher lege ich oft einen gefalteten und abgeflachten Kranich unter ein Buch oder in die Seiten eines Buches.

Was wir beim Falten eines Kranichs lernen, zeigt sich beim Falten von tausend Kranichen.

Hoffnung ist etwas Mächtiges, eine Überzeugung, dass Veränderung möglich ist und dass wir sie verdienen. Sie ist auch der erste Schritt auf unserem Weg zur Heilung der Seele und zur Erkenntnis, was uns wirklich glücklich macht. Hoffnung ist vor allem der Glaube daran, dass sich die Dinge bessern werden, auch wenn es unwahrscheinlich erscheint.
Mit einer hoffnungsvollen Geisteshaltung werden Sie vielleicht feststellen, dass sich Ihr Weg von diesem Moment an anders entwickelt.

In diesem Kapitel geht es um die ersten vier Schritte auf Ihrem Weg: Sanftmut, Inspiration, Mut und Absicht. Alles Qualitäten einer hoffnungsvollen Geisteshaltung.

FALTUNGEN DER HOFFNUNG

HOFFNUNG

DIE MÖGLICHKEIT DER VERÄNDERUNG

FALTUNGEN DER HOFFNUNG

SANFTMUT

GÜTE ZÄHLT

Ich habe mich dafür entschieden, mit dem Thema der Sanftmut zu beginnen. Meine Mutter sagt immer: »Es gibt nichts Stärkeres als eine sanfte Brise, denn sie erinnert uns daran, dass kleine Momente die Seele heilen können.« Ich habe festgestellt, dass Sanftmut beim Beginn von etwas Neuem oft hintenansteht, nicht weil es ihr an Wertschätzung mangelt, sondern eher, weil Sanftheit in einer erbarmungslosen Welt erhebliche Anstrengungen erfordert.

Sanftmütig zu leben bedeutet, Güte und mitfühlendem Verhalten eine höhere Priorität beizumessen als irgendwelchen Heldentaten und anderen Einzelleistungen. Das Leben weiß schon, wie es uns anschiebt, unsere Beharrlichkeit fördert und uns ermutigt, zügig voranzukommen. Zu Beginn unserer gemeinsamen Reise können wir uns deshalb erst einmal guten Mutes dafür entscheiden, uns eher langsam fortzubewegen und uns Zeit zu lassen. Seien Sie sich bewusst, dass es noch viel zu früh ist, um zu wissen, wohin die Reise geht. Lassen Sie sich diesen Neuanfang nicht von Ihren Erwartungen zunichtemachen. Er ist viel zu kostbar, als dass Sie nicht ganz und gar im Hier und Jetzt sein sollten.

EINEN FALZ NACH DEM ANDEREN

Als ich ein kleiner Junge war, so vier oder fünf Jahre alt, setzte sich mein älterer Bruder jeden Tag nach der Schule zu Hause an den Küchentisch, um seine Hausaufgaben zu erledigen, während meine Mutter uns einen Nachmittagsimbiss zubereitete. Ich war damals noch ein Kindergartenkind, gesellte mich aber auch zu meinem Bruder an den Tisch und malte zum Beispiel etwas. Mein Bruder musste jeden Tag drei Aufgaben erledigen: ein paar Rechenübungen, eine Schreibschriftübung und das Lesen eines Kapitels aus einem Buch, das in der Schule gerade durchgenommen wurde.

Meine Mutter hat uns Kinder immer zu einer guten Arbeitsmoral angehalten, und so durften wir erst vom Tisch aufstehen und spielen gehen, wenn mein Bruder alle Aufgaben erledigt hatte. An den meisten Tagen brauchte er knapp eine Stunde dafür, und dann konnten wir zusammen spielen, bis es Zeit für das Abendessen war. Einmal jedoch, so erinnere ich mich, lief es nicht nach Plan, und wir saßen viel länger als sonst am Küchentisch. Es waren bereits mehr als zwei Stunden vergangen, und mein Bruder kam einfach nicht recht voran, die Aufgaben waren an diesem Tag wohl besonders schwierig. Er war wütend und frustriert, die Tränen kullerten ihm über das Gesicht, und seine Augen waren schon ganz geschwollen.

Meine Mutter fragte ihn: »Mein Schatz, warum bist du so traurig? Was hast du für einen Kummer?«

Er schluchzte: »Die Rechenaufgaben sind so schwierig heute. Ich habe alles versucht, aber ich komme nicht auf die Lösung.

Und dann habe ich mit der Schreibschriftübung begonnen, aber meine Hände sind verärgert wegen der ungelösten Rechenaufgaben, sodass ich meinen Stift nicht ruhig führen kann.

Danach habe ich versucht, in dem Buch zu lesen, aber ich bin immer noch frustriert über meine Handschrift und darüber, dass mir Mathe heute so schwerfällt, weshalb meine Augen voller Tränen sind und ich die Wörter auf der Seite nicht erkennen kann.

Ich kann die Hausaufgaben heute nicht machen, es ist unmöglich, ich bin unglücklich und sehr traurig.«

Meine Mutter konnte seine Verzweiflung sehen und rückte näher an ihn heran, um ihn zu trösten.

»Sachte, sachte, mein Liebling. Mach in aller Ruhe eins nach dem anderen, nicht alles auf einmal. Du darfst langsam sein, es besteht kein Grund zur Eile, schenke deine Aufmerksamkeit nur dem jeweiligen Moment und sei ganz gegenwärtig. Widerstehe der Versuchung, zu hastig zu sein, die Zeit ist deine Freundin, genauso wie ich.«

Langsam legten sich die Emotionen bei meinem Bruder, und dreißig Minuten später waren die Aufgaben erledigt. Manchmal brauchen wir im Leben nur eine sanfte Erinnerung daran, einen Gang herunterzuschalten. Das war eine Lektion, die ich nie vergessen werde.

Auch bei den Aufgaben des Lebens kommt es vor, dass wir nicht weiterwissen, wenn wir zu viel auf einmal am Hals haben. Es kann leicht passieren, dass wir mit Aktivitäten oder Aufgaben überfordert sind oder jede Menge Verabredungen mit Freunden oder Kollegen treffen, nur um dann festzustellen, dass wir viel zu wenig Zeit für uns haben. Wir fühlen uns dann vielleicht hilflos oder unsicher und sind frustriert darüber, nicht allem und allen gerecht werden zu können. So erging es meinem Bruder an jenem Tag am Küchentisch, und so ähnlich ergeht es vielen Menschen, die sich zu viel vornehmen und immer gehetzt und gestresst sind.

Einen solchen Kreislauf zu durchbrechen ist nicht immer einfach, denn die Welt belohnt uns oft gerade dafür, dass wir schnell vorankommen und mit komplexen Anforderungen zurechtkommen. Deshalb müssen wir uns selbst und gegenseitig daran erinnern, dass es eine Wohltat sein kann, auch einmal innezuhalten und es gemächlicher anzugehen, obwohl die Gesellschaft etwas anderes zu verlangen scheint. Vielleicht ist das der mutigste Akt der Rebellion in unserer hektischen Welt.

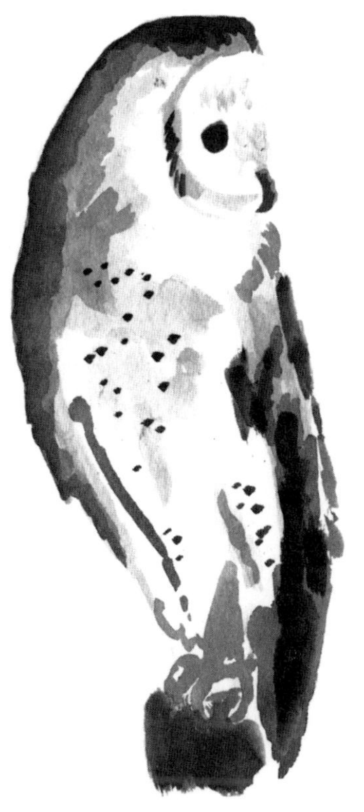

Eins nach dem anderen,
nicht alles auf einmal.

NICHT VON ERWARTUNGEN VERLEITEN LASSEN

Mein erstes Meditationserlebnis hatte ich im Alter von fünfzehn Jahren. Ich war bei einem Freund zu Hause, und wir saßen im Wohnzimmer, sahen fern und sprachen über die Schule. Zu dieser Zeit war sein Großvater zu Besuch, ein buddhistischer Mönch, der in den kälteren Monaten des Jahres immer ein paar Wochen bei seiner Familie lebte.

Ich hatte schon viele Nachmittage im Haus meines Freundes verbracht, aber seinen Großvater vorher noch nie angetroffen. Dieser war ein sanftmütiger Mann, und man konnte die Wärme seiner Persönlichkeit schon spüren, bevor er irgendetwas gesagt hatte. An diesem Tag betrat er das Wohnzimmer und setzte sich neben uns in einen Sessel. Er sprach zunächst nicht, sondern saß einfach nur da und lauschte, lächelte fröhlich und nickte ab und zu, als wolle er zeigen, dass er zuhörte. Erst nachdem mein Freund mich ihm vorgestellt hatte, begann er, sich an der Unterhaltung zu beteiligen.

Ich hatte noch nie einen echten buddhistischen Mönch kennengelernt, sondern nur in Filmen welche gesehen oder in Büchern über sie gelesen. Dementsprechend war ich daran interessiert, mehr über sein Leben und seine Gewohnheiten zu erfahren. Er erzählte mir, dass er jeden Morgen vor Sonnenaufgang aufstand, um zu meditieren, und dann die ersten Stunden des Tages schweigend verbrachte, bevor er sich mit der Welt um ihn herum beschäftigte. Er redete freundlich und hatte ein gewinnendes Lächeln, sodass ich mich traute, ihm noch weitere Fragen zu stellen. Mein Freund, der seinen Großvater schon oft von seinem Tagesablauf hatte erzählen hören, stand auf und ging in die Küche, um uns etwas zur Stärkung zuzubereiten, und wir setzten unser Gespräch alleine fort.

Er wollte wissen, ob ich denn schon einmal meditiert hätte. Ich sagte: »Nein, noch nie, aber ich würde es gerne einmal versuchen.« Worauf er mich fragte, ob ich jetzt gleich an Ort und Stelle mit ihm eine kleine Meditationsübung machen wolle, was ich natürlich bejahte.

»Was wird passieren?«, fragte ich.

»Was denkst du, was passieren wird?«, erwiderte er.

Meine Antwort lautete: »Sicherlich wird es eine wunderbare Erfahrung werden. Ich erwarte mir, dass ich inneren Frieden finde.« Ich hatte schon gehört, dass Meditation dabei hilft, den Kopf frei zu bekommen und zur Ruhe zu kommen, und freute mich darauf, dies zu erleben.

»Ich glaube, dass es mir gefallen wird und ich gut darin bin«, sagte ich weiter und fühlte mich in diesem Moment wie ein Berufener.

»Dann lass uns beginnen und sehen, was passiert. Bitte schließe deine Augen. Ich werde dir Bescheid geben, wenn es Zeit ist, zurückzukommen«, sagte der Großvater meines Freundes.

Die nächsten paar Minuten saß ich da und »meditierte« – und fühlt mich erbärmlich. Ich verspürte nur Unbehagen und Langeweile. Wo war die Glückseligkeit, die ich erwartet hatte?

Loslassen ist eine Entscheidung
für einen Neuanfang.

Einige Zeit später sagte der Mönch: »Gut, du bist fertig, bitte öffne die Augen.« Ich weiß nicht, wie lange ich dort gesessen hatte, aber es fühlte sich an wie eine Ewigkeit.

Er fragte: »Wie fühlst du dich?«

Ich überlegte kurz, ob ich schwindeln sollte, denn ich wollte ihn eigentlich beeindrucken und sagen, dass mir das Meditieren Spaß macht. Irgendwie hatte ich ja immer noch die Hoffnung, einmal ein erstklassiger Meditationsmeister werden zu können. Aber ich wollte nicht unehrlich sein, und antwortete deshalb: »Ganz okay, allerdings bin ich mir nicht mehr sicher, ob das etwas für mich ist. Es tut mir leid, ich glaube nicht, dass ich gut meditieren kann.«

Er lächelte. »Ich verstehe«, sagte er. »Du glaubst, du hast versagt, nicht wahr?«

Frustriert und ernüchtert nickte ich. Ich wünschte mir so sehr, ich hätte es besser gemacht.

Er sagte: »Du hast nicht versagt. Im Moment ist dein Problem, dass dein Ego erfolgreich sein will. Darum geht es aber beim Meditieren nicht. Im Gegenteil, du bist dann gar nicht wirklich bei der Sache. Du bist ehrgeizig und willst selbst beim Meditieren Leistung bringen.«

Wir lassen es im Leben oftmals zu, dass uns Wünsche wichtiger sind als Erfahrungen zu machen. Anstatt dass wir uns auf das Hier und Jetzt konzentrieren, sind wir in Gedanken bei den Verlockungen zukünftiger Erfolge. In jenem Moment als Teenager interessierte ich mich nur für das gute Gelingen der Übung, und deshalb verpasste ich die Erfahrung, die sich mir geboten hätte.

Viele Jahre später hat sich der Kreis geschlossen, denn ich bin jetzt selbst Meditationslehrer. Wenn sich neue Schüler zum ersten Mal zum Meditieren hinsetzen, erwarten auch sie oft eine tiefgreifende Erfahrung, so wie ich einst, und genau wie bei mir werden ihre Erwartungen in aller Regel erst einmal nicht erfüllt, und sie haben das Gefühl, ihre Zeit verschwendet zu haben. Ich erzähle ihnen dann meine Geschichte und sage ihnen, dass wirkliche Gegenwärtigkeit eine Haltung ohne Erwartung erfordert. Was ich vor allem gelernt habe: Wir müssen wachsam mit unserer Aufmerksamkeit sein, denn es passiert leicht, dass unsere Versuchungen uns in die Irre führen.

Lassen Sie sich diesen Moment nicht von Ihrem Ehrgeiz stehlen. Die Gegenwärtigkeit weiß, dass das Ego kein Teil von ihr ist.

Echte Gegenwärtigkeit
ist ein Geschenk,
welches das Ego
nicht stehlen kann.

IN DER RUHE LIEGT DIE KRAFT

Eine meiner Lieblingsbeschäftigungen, wenn ich in einer für mich neuen Stadt zu tun habe, ist es, einen Nachmittag lang durch die Straßen zu schlendern, ohne Plan und Ziel. Wenn ich einen Vortrag halte, versuche ich immer, schon einen Tag früher anzureisen, damit ich Zeit habe, ungestört die Stadt ein wenig kennenzulernen. Oft reise ich allein und komme nur mit einer Tasche, ein paar wenigen Habseligkeiten und dem wunderbaren Geschenk der Zeit an. Diese ziellosen Spaziergänge gehören zu den für mich unverzichtbaren Freuden in meinem Leben, die ich mir so oft wie möglich schenke, wenn es mein Zeitplan erlaubt.

Bücher und Laptop lasse ich dann im Hotelzimmer. Das Smartphone nehme ich mit, tue aber mein Bestes, um es möglichst wenig zu nutzen. Ich bemühe mich, den Tag planlos zu genießen und habe für meine Erkundungsspaziergänge auch keinerlei feste Gewohnheiten, denn ich finde es wichtig, die Sucht nach Vorhersehbarkeit zu durchbrechen und mich ganz und gar auf das Neue einzulassen.

Heutzutage bewegen wir uns in der Regel viel zu schnell im gewohnten Ablauf unseres Lebens. Wir hetzen von Aufgabe zu Aufgabe, erledigen etwas und gehen dann schnell zum nächsten Punkt auf der To-do-Liste über. Meistens sind unsere Tage streng geregelt, mit festen Zeiten zum Aufstehen, Essen, Arbeiten und so weiter. Wir folgen einem genauen Zeitplan, der uns hilft, eine ehrgeizige Tagesordnung in die Tat umzusetzen. An solchen hektischen Tagen vergisst man oft, sich die notwendige Zeit zu nehmen, um sich auszuruhen und die Gedanken wandern zu lassen.

Und so bin ich auf meinen Reisen, an den freien Nachmittagen, nur dem Nichtstun verpflichtet und genieße diese Zeit der Ruhe sehr. Die Effekte davon stellen sich oft schnell ein. Ich spüre dann, wie die Inspiration in mich hineinströmt und die Kreativität herausströmt. Meine Stimmung hellt sich auf, und ich werde freundlicher, alles ist aufregend und jede Minute ist vergnüglich. Wir müssen uns absichtlich eine Auszeit von unserem durchgetakteten Leben gönnen, damit wir die Vorteile des Weniger-Tuns spüren können.

Ich habe gelernt, dass es drei Dinge gibt, die mir helfen, meinen Tag entspannt zu bewältigen.

Erstens mache ich mir immer wieder bewusst, dass ich im Moment nirgendwo anders sein muss und es gerade auch nichts Dringenderes gibt, das meine Aufmerksamkeit erfordert. Ich versuche, immer alles mit ganz neuen Augen zu betrachten, auch wenn es mir eigentlich vertraut ist. Das hilft sehr dabei, ganz präsent zu sein.

Das Zweite ist die Einsicht, dass mich niemand vermisst. Wir überschätzen oft unsere Bedeutung und denken, dass wir für die Menschen in unserem Leben jederzeit verfügbar und erreichbar sein müssen. Aber das stimmt nicht, auch wenn man es vielleicht nicht gerne hört. Fragen Sie sich selbst: Müssen Sie jede Minute des Tages wissen, wo sich Ihre Freunde und Verwandten gerade aufhalten? Unwahrscheinlich. Und auch Sie müssen niemandem Rechenschaft ablegen, wie Sie Ihre Zeit verbringen. Wenn wir uns damit anfreunden, dass es in Ordnung ist, zwischendurch vergessen zu werden, befreit uns das, und der Erwartungsdruck fällt von uns ab.

Der dritte Punkt ist die Erkenntnis, dass ein Tag, den Sie sich selbst schenken, keine Auszeit vom Leben ist, sondern dieses vielmehr bereichert. Wenn wir ungestört sind von den Gesprächen mit anderen oder der Routine unseres häuslichen Lebens, finden wir den Raum, um uns wieder zu sammeln und neu zu entdecken, was uns erfüllt und Freude bereitet. Sie werden merken, wie gut es Ihnen tut, sich einen Tag Zeit für sich selbst zu nehmen, um allein zu sein und zur Ruhe zu kommen.

Und so müssen wir alle unseren Weg für eine entspannte Wanderung finden und Platz machen für Augenblicke, die unsere alltäglichen Handlungsmuster unterbrechen. Für mich ist es ein zielloses Umherstreifen durch eine fremde Stadt, für Sie ist es vielleicht etwas anderes, wie ein Spaziergang in der Natur oder die Konzentration auf ein gutes Buch. Oder vielleicht möchten Sie einfach stundenlang dasitzen und Musik hören oder ein Aquarell malen. Was auch immer es ist, gönnen Sie sich die Zeit, Ihre Gedanken schweifen zu lassen und zu spüren, was in Ihnen vorgeht. Wenden Sie sich nach innen, lassen Sie ungestörte Momente zu, und ich verspreche Ihnen, Sie werden feststellen, dass dies die Erfahrungen sind, die Ihnen sowohl den Atem rauben als auch Sie wieder Atem schöpfen lassen. Und die auf jeden Fall das Leben wirklich lebenswert machen.

Versteht meine Sanftmut nicht
als Mangel an Charakter, denn sie ist
die Essenz eines freudigen Lebens.

BEVOR SIE BEGINNEN

Bevor Sie nun mit dem Falten beginnen, lassen Sie sich einen Moment Zeit, um das Papier sorgfältig auf dem Tisch zurechtzulegen. Halten Sie dann inne und nehmen Sie die Hände wieder weg. Nur mit der Ruhe, wir fangen ja gerade erst an, seien Sie nicht übereifrig. Atmen Sie bewusst ein und aus. Gönnen Sie sich das Geschenk des Ankommens, schließen Sie die Augen und nehmen Sie wahr, wie still dieser Moment sein kann. Was spüren Sie? Können Sie noch mehr spüren? Wenn Sie zum ersten Mal falten, beobachten Sie sich, ob Sie angespannt sind. Sollte das der Fall sein, bleiben Sie vielleicht noch etwas länger ruhig sitzen, bis sich wieder mehr Gelassenheit bei Ihnen einstellt. Ehrgeiz ist jetzt fehl am Platz.

Ich habe im Laufe der Zeit gelernt, dass man immer am besten damit beginnt, innezuhalten, denn bei jedem Neuanfang können unsere Erwartungen leicht die Oberhand gewinnen. Werden Sie sich zunächst einfach dessen bewusst, was vor Ihnen liegt: Öffnen Sie die Augen und tauchen Sie ein in die leuchtenden Farben und Muster vor Ihnen. Was ist es, das Sie sehen? Ein tiefes Rot oder ein warmes Grün, ein leuchtendes Gelb oder ein beruhigendes Blau? Gönnen Sie sich diese Zeit, um alles, was ist, zu würdigen, bevor es gefaltet wird. Der Moment vor dem Moment ist von unermesslicher Schönheit, aber Sie müssen ihm den Raum geben und ihn unbeeinflusst geschehen lassen. Das ist die Praxis der Achtsamkeit.

Wenn das alles neu für Sie ist, seien Sie sich jetzt schon meines Lobes gewiss, denn langsamer zu werden und weniger zu tun, ist in der hektischen Welt von heute eine mutige Entscheidung. Überstürzen Sie nichts, denn wir können so viel lernen, wenn wir uns erlauben, einfach zu fühlen, was ist. Lassen Sie sich diesen Moment nicht durch die Ambitionen Ihrer Fingerspitzen ruinieren.

Wir müssen uns auch darüber im Klaren sein, dass jeder Schritt Anstrengung erfordert. Sie muss nicht sehr groß sein, ganz und gar nicht. Anstrengung an sich ist nichts anderes als absichtliches, bereitwilliges Handeln, und wenn Sie sich das immer vor Augen halten, wird es Ihnen im weiteren Verlauf der Dinge zugutekommen. Lassen Sie sich Zeit auf dem Weg, haben Sie Geduld und seien Sie nicht so erpicht darauf, schnellstmöglich etwas zu erreichen. Fühlen Sie sich nicht verpflichtet, einen bestimmten Rhythmus einzuhalten; Sie können alle Schritte auf dem Weg, so oft Sie möchten, wiederholen, bis Sie sich wohl genug fühlen, um weiterzumachen. Entwicklung hat nichts mit dem Tempo oder der Richtung zu tun, die Sie einschlagen. Im Laufe der Zeit werden Sie sich allmählich immer sicherer fühlen. Das ist ein gutes Zeichen, und vertraute und sich wiederholende Faltungen unterstützen dieses Empfinden, ebenso wie Zeit und Erfahrung. Suchen Sie also diese Vertrautheit, wo Sie können, denn diese Momente werden Ihnen ein Gefühl der Leichtigkeit schenken.

In diesem Buch finden Sie erst am Ende jedes Kapitels die Anleitung für einen Faltungsschritt auf dem Weg zum Papierkranich. Nehmen Sie sich davor die Zeit für die Geschichten und liebevollen Weisheiten. Sie können Ihr Faltpapierblatt als Lesezeichen verwenden. Es soll Sie auf Ihrer Reise begleiten, während Ihr Kranich allmählich Gestalt annimmt.

SCHRITT EINS
DIE DIAGONALFALTUNG

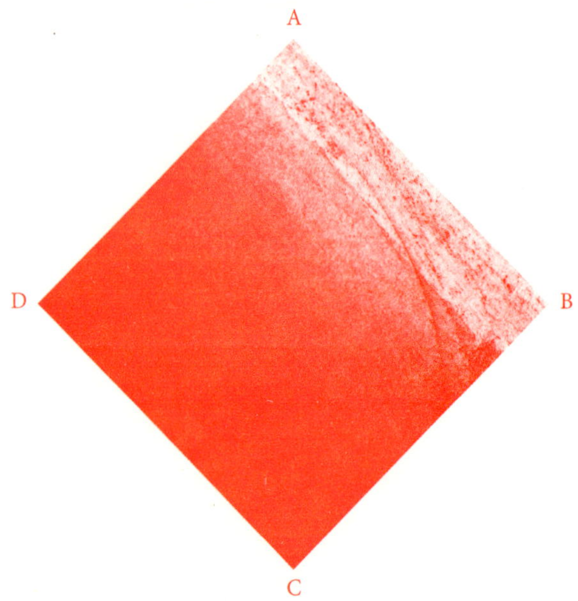

Das quadratische Stück Papier liegt vor Ihnen – falls es auf einer Seite farbig ist, mit der bunten Seite nach oben. Falten Sie das Papier nun zweimal diagonal zu einem Dreieck. Falten Sie die erste Diagonale von Ecke A auf C; A muss genau auf C zu liegen kommen. Danach falten Sie das Papier wieder auf und dann die zweite Diagonale von Ecke D auf Ecke B. Halten Sie das Papier fest, sodass es nicht verrutscht. Gehen Sie langsam vor, viel langsamer, als Sie vielleicht denken, denn mangelnde Sorgfalt beim ersten Falten könnte zur Folge haben, dass Sie im weiteren Verlauf Probleme bekommen, besonders, wenn Sie noch nicht viel Erfahrung haben. Das Ziel ist nicht Perfektion, sondern Ihre Absicht, also falten Sie mit Bedacht. Überstürzen Sie nichts, und seien Sie sich Ihrer Sache gewiss.

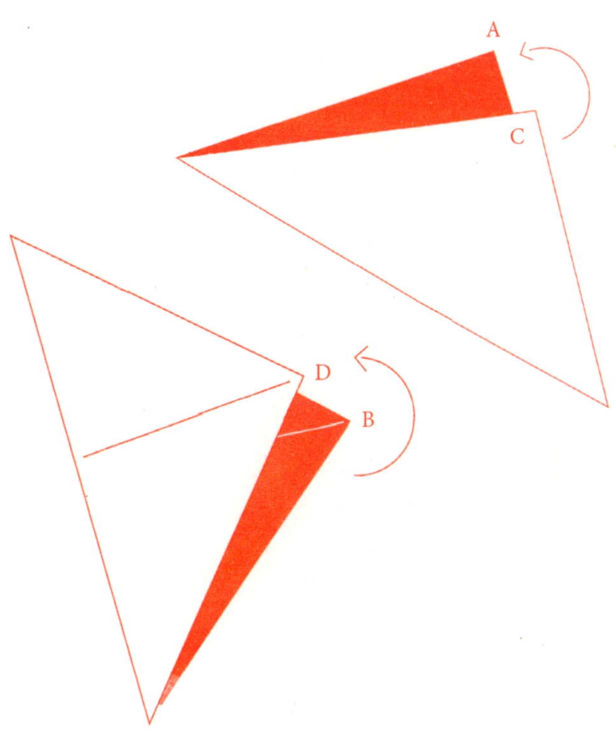

Nehmen Sie sich bei beiden Diagonalen einen Moment Zeit, um den Falz mit den Fingern oder besser noch sogar mit einem Fingernagel nachzuziehen, vor- und rückwärts. Achten Sie darauf, dass die Falze präzise sind. Abschließend falten Sie das Papier wieder auseinander und legen es flach auf den Tisch. Sie sind fest entschlossen, also konzentrieren Sie sich voll und ganz auf Ihre Aufgabe. Der erste Schritt ist getan. Jetzt sind Sie auf dem Weg.

FALTUNGEN DER HOFFNUNG

MUT

BEREIT ES ZU VERSUCHEN

Wir halten uns oft für unzulänglich oder glauben, noch nicht bereit für etwas zu sein. Wir reden uns dann ein, dass die vor uns liegenden Aufgaben zu schwierig für uns sind oder uns zu früh begegnen. Aber eine mutige Tat ist eben nur möglich, wenn man sich der Herausforderung stellt. Mut ist einfach die Bereitschaft, es zu versuchen.

Viele Menschen schätzen sich selbst als nicht besonders mutig ein, weil sie im Alltag keine Heldentaten vollbringen. Wir kennen alle die Erzählungen und Bilder von tapferen Recken, die im Angesicht der Gefahr furchtlos kämpfen, um andere Menschen vor Schaden zu bewahren. Solche Bilder geben den Maßstab vor, anhand dessen wir Mut definieren. Es gibt jedoch auch mutige Taten, die auf den ersten Blick ganz banal erscheinen mögen, aber letztendlich ebenso tiefgreifende Auswirkungen haben können. Die größten Taten der Tapferkeit geschehen oft in kleinen und leisen Schritten.

Mut ist die Bereitschaft, sich ins Unbekannte aufzumachen und den eigenen Schwachstellen zu trotzen.

Im Leben können wir jeden Weg wählen,
aber wir müssen einen wählen.

DIE VIER WEGE

Kommt man auf einem Wanderweg zu einer Gabelung, an der sich der Weg teilt, bleibt man oft stehen und überlegt, welcher Weg wohl der richtige ist. Vor allem, wenn die Weggabelung unerwartet kommt, ist man möglicherweise verunsichert. In so einem Fall greifen wir auf alle verfügbaren Hilfsmittel zurück, um herauszufinden, in welche Richtung wir gehen sollen.

Stellen Sie sich nun aber vor, dass Sie an einer Wegkreuzung von einem Mann erwartet werden und Sie ihn fragen: »Können Sie mir helfen? Der Wanderweg verzweigt sich hier in drei Richtungen, und ich habe keine Ahnung, welchen ich nehmen soll.«

Worauf er antwortet: »Wenn Sie nach links gehen, ist der Weg felsig und gefährlich, und Sie könnten in den Tod stürzen!«

»Aha – das möchte ich natürlich nicht, also sollte ich wohl nicht nach links abbiegen, sondern besser nach rechts«, erwidern Sie.

»Auf dem Weg nach rechts gibt es aber leider giftige Schlangen, die ziemlich aggressiv sind«, warnt Sie der Mann.

»Oh nein, dann nehme ich auch die rechte Abzweigung nicht. Dann behalte ich einfach die Richtung bei und gehe weiter geradeaus«, erwidern Sie.

Worauf der Mann in mahnendem Ton sagt: »Dann muss ich Sie aber warnen, dass dieser Weg über einen hohen Berg führt, den Sie hochklettern müssen. Dafür reichen Ihre Kräfte und Kletterfähigkeiten vielleicht nicht aus, und dann werden Sie den Mut verlieren, weiterzugehen.«

»Hm, das heißt, ich sollte die Wanderung nicht fortsetzen, weil ich es möglicherweise nicht schaffe. Dann sollte ich also wohl besser umkehren und wieder nach Hause gehen.«

»Aber Sie können nicht umkehren. Ihre Familie wird Sie für einen Versager halten und Sie werden Schande über sie bringen«, bekommen Sie zur Antwort.

»Ja was soll ich denn dann tun? Dann gibt es ja überhaupt keinen Weg für mich, den ich gehen kann.«

Wenn wir im täglichen Leben mit unseren Zweifeln konfrontiert werden, befällt uns oft ein ähnliches Gefühl, dass wir uns in keine Richtung bewegen können, weil alle Wege letztendlich zu negativen Resultaten führen werden. Aber das muss gar nicht stimmen: Unser Verstand hat sich einfach entschieden, an die Zweifel zu glauben, das ist alles.

Mutig zu sein bedeutet nicht, keine Zweifel zu haben, sondern vielmehr, sie zu verstehen und zu erkennen, wie sie uns daran hindern können, sinnvoll zu handeln. Der Mann in der Geschichte ist die Stimme in unserem Kopf, die uns davon überzeugt, dass jedes Ergebnis uns ins Unglück stürzen wird.

Um bei dem Bild der Kreuzung zu bleiben, möchte ich nachstehend unsere Zweifel als vier verschiedene Wege betrachten. Indem wir sie verstehen, können wir lernen, wie wir unseren Weg finden können.

Der erste Weg, der felsige und gefährliche, ist die Angst. Angst ist die Projektion einer gescheiterten Zukunft, die Erwartung, dass etwas furchtbar schiefgehen wird. Wir hegen die Überzeugung, dass ein gefährlicher Weg zum sicheren Tod führt und alles, was schiefgehen könnte, auch schiefgehen wird. Aber Ängste sind letztendlich Vermutungen und beruhen nicht unbedingt auf der Realität. Es ist einfach unser Geist, der sich in einer Abwärtsspirale befindet. Wenn wir uns also doch für diesen Weg entscheiden, sollten wir uns nicht vor einer Katastrophe fürchten, sondern lediglich Vorsicht walten lassen, immer in dem Bewusstsein, dass die Angst nur auf unserer Einbildung beruht.

Der zweite Weg ist der des Grübelns. Bei diesem Weg der Schlangen herrscht ein Durcheinander in unserem Geist. Wir können uns leicht einreden, dass die Schlangen bösartig und grausam sind. Was aber, wenn sie einfach schlafen und nicht gestört werden wollen? Oder wenn sie sich sogar über einen Besuch freuen würden? Aber was, wenn sie uns doch feindlich gesinnt sind? Und was, wenn nicht? Und so drehen wir uns mit den Gedanken im Kreis, ohne dass uns dies weiterbringt. Unsere Zweifel setzen uns weiter unter Druck, wenn wir uns ohnehin schon unsicher fühlen, und das führt dazu, dass wir ins Wanken geraten und aufgewühlt sind. Ein immerwährender Kreislauf wegen einer eventuellen Katastrophe, die vielleicht gar nie eintritt. Wenn wir anfangen, zu viel nachzudenken, müssen wir dieses Muster durchbrechen, denn ein sorgenvoller Geist kommt nicht voran. und wir werden dann nie wirklich wissen, ob uns der Weg zu Freund oder Feind führen wird.

Der dritte Weg, der Weg des Berges, ist die Unsicherheit. Diese Emotion der Seele kann tiefen Herzschmerz verursachen. Uns Menschen mangelt es vielfach an Selbstvertrauen und Glauben an uns selbst; wir stellen uns infrage, haben aber ein starkes Bedürfnis nach emotionaler Sicherheit. Wir erwarten von unseren Freunden und den Menschen, die uns am nächsten stehen, dass sie uns immer wieder bestätigen, wie wertvoll und fähig wir sind. Das Leben hat seine ganz eigene Art, uns ab und zu davon zu überzeugen, dass wir zu nichts nütze oder unfähig sind, und deshalb müssen wir starke Verbindungen zu anderen pflegen und wann immer möglich freundliche Worte parat haben, vor allem für uns selbst. Liebevolle Handlungen wirken immer unterstützend, so klein sie auch sein mögen. Liebe und Selbstbewusstsein sind das Gegenmittel bei Unsicherheit.

Der letzte Weg ist die Reue, der Weg, der ja eigentlich schon hinter uns liegt. Bereuen ist das Überbleibsel der Negativität unserer vergangenen Erfahrungen. Wir müssen lernen, uns für die eigenen Schatten nicht zu schämen. Stehen Sie zu ihnen; sie sind ein Teil unserer bisherigen Lebensreise. Wenn Sie sich an einer Wegkreuzung des Zweifels und der Unentschlossenheit befinden, sollten Sie wissen, dass Sie notfalls jederzeit auch zurückgehen können. Nach Hause zu gehen ist immer eine Option: Es ist kein Versagen, zu den Menschen zurückzukehren, die Sie lieben.

Angst, Grübeln, Unsicherheit und Reue – sie alle können uns mit ihrer Negativität von unserem Weg ablenken. Aber da wir dies nun wissen, können wir uns an der Kreuzung der Verunsicherungen über unsere zweifelnden Gedanken erheben und voranschreiten, egal welche Richtung wir wählen.

Angst ist das Ergebnis einer vergeblichen Hoffnung.

Nicht der Berg muss sich beugen,
sondern wir müssen hochsteigen.

NICHT DEM BERG DIE SCHULD GEBEN

Dem Berg ist es egal, ob Sie losgehen,
Er ist nicht der Feind, den Sie suchen.

Der Berg hat keine Meinung,
Es kümmert ihn nicht, wenn Sie umdrehen.

Der Berg ist ein Berg,
Er stellt sich Ihnen nicht in den Weg.

Geben Sie also nicht dem Berg die Schuld,
Denn Sie sind es, der heute hochsteigen muss.

DIE WAHRHEIT ÜBER SCHILDKRÖTEN

Wenn Sie mutige Tiere aufzählen sollten, würden Sie wahrscheinlich nicht zuerst an Schildkröten denken. Vielleicht an Nilpferde, Nashörner oder auch Sperber, aber Schildkröten – wohl kaum.

Oft wird angenommen, dass Mut und Kraft dasselbe sind, was aber so nicht stimmt. Es ist zum Beispiel leicht für einen Gorilla, sich in einem Dschungelgebiet, in dem er eh der stärkste ist, an die Brust zu klopfen, oder für einen Adler, sich in die Lüfte zu schwingen und sich über seine Beute zu erheben, die ihn bereits fürchtet. Doch dabei handelt es sich nicht um Mut, sondern einfach um Handlungen, die dem Wesen der Tiere und ihrer Rolle im Tierreich entsprechen.

Die Schildkröte hingegen ist erst einmal nicht für ihre Tapferkeit bekannt. Sie ist ruhig und ängstlich und versteckt sich beim ersten Anzeichen von Gefahr in ihrem Panzer, geschützt vor der Welt, die ihr so nichts anhaben kann. Aber die Schildkröte weiß auch, dass sie sich nicht bewegen kann, solange sie sich versteckt. Irgendwann muss sie also wieder aus ihrer Höhle heraus und sich möglichen Gefahren, oder was auch immer draußen lauert, stellen.

Der Mut einer Schildkröte liegt also nicht in ihrem Rückzug, sondern in der Entscheidung, wieder ans Licht zu kommen. Schildkröten wissen instinktiv, dass sie mutig ihren Kopf herausstrecken müssen, wenn sie sich vorwärtsbewegen wollen.

Als ich ein kleiner Junge war, erzählte mir mein Vater von den Schildkröten und ihrem Verhalten, und ich war damals total fasziniert von diesen Tieren.

Wenn ich an seine Erzählungen zurückdenke, erinnert mich das immer daran, dass wir als Menschen der Schildkröte eigentlich sehr ähnlich sind. Wenn wir uns bedroht fühlen, können wir uns verstecken, uns klein machen, uns zurückziehen – das ist ein natürlicher Schutzmechanismus. Aber es ist uns klar, dass wir nicht immer in dem Versteck bleiben können, und so müssen wir irgendwann den Mut aufbringen, wieder aufzutauchen – zwar verwundbar, aber auch bereitwillig.

Wir sollten uns immer daran erinnern, dass sich unsere Entwicklung nicht dadurch bemisst, wie sehr wir uns anstrengen, sondern wie bereit wir sind.

In Zeiten der Unsicherheit sollten Sie wie eine Schildkröte handeln.

Der erste Schritt
sollte nie an seiner
Länge gemessen werden.

SCHRITT ZWEI
DIE BUCHFALTUNG

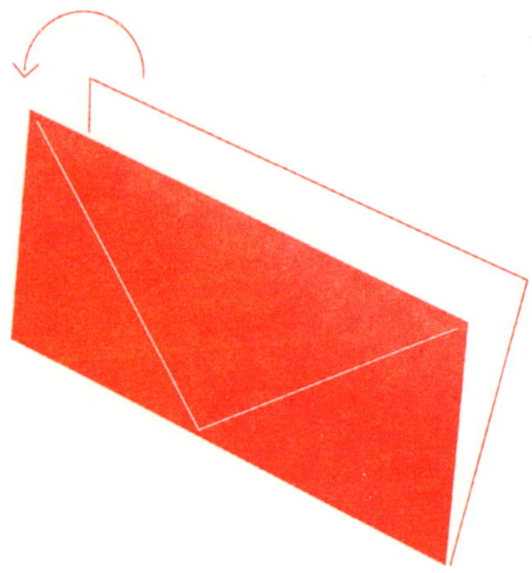

Drehen Sie nun das Papier um, sodass die farbige Seite nach unten zeigt. Vor Ihnen liegt ein Quadrat mit Diagonalfalzungen. Der nächste Schritt ist eine sogenannte Buchfaltung, bei der Sie zunächst die linke Seite des Papiers nach rechts falten, sodass die obere Kante des Papiers mit der unteren abschließt. Stellen Sie sich den Vorgang wie eine rollende Welle vor, die sich ins Meer ergießt. Beginnen Sie, indem Sie den Mittelfinger auf die Mitte der rechten Kante legen: Dies ist Ihr Anker, ein Punkt der Stabilität, der die Grundlage für die Faltung bildet. Von dort aus führen Sie die Faltung mit der linken Hand durch und bauen somit sozusagen den Wellengang der Papierwelle auf. Heben Sie die linke Kante an, um einen schönen Bogen zu erzeugen, und legen Sie sie sorgfältig exakt auf die rechte Kante. Dies ist ein Vorgang, der viel Fingerspitzengefühl erfordert. Eine goldene Handwerkerregel lautet: »Zweimal messen, einmal schneiden«, und diese Regel sollten Sie (im übertragenen Sinne) auch bei dieser Faltung beherzigen. Danach geht es daran, das Papier flach zu drücken und den Falz zu machen. Führen und drücken Sie die Finger der linken Hand entlang einer

imaginären geraden Linie vom Anker nach links zur Mitte der Papierwelle. Dort angekommen führen Sie den senkrechten Falz durch. Ich persönlich nehme dafür die Zeigefinger beider Hände, beginne jeweils in der Mitte und falze von dort nach oben und beim zweiten Mal nach unten (also von innen nach außen). Ich muss zugeben, dass dieser Falz manchmal schwierig durchführbar erscheinen kann, aber machen Sie sich keine unnötigen Gedanken: Gehen Sie langsam vor, und alles wird gut. Nachdem Sie die erste Buchfaltung abgeschlossen haben, geht es danach an die zweite, nach dem gleichen Prinzip. Falten Sie das Papier auf, drehen Sie es um neunzig Grad und falten Sie dann erneut von links nach rechts. Die zweite Faltung wird einfacher sein als die erste, das ist der Vorteil von Wiederholung und Gewöhnung. Nachdem Sie die zweite Faltung vollendet haben, öffnen Sie das Papier wieder und streichen es mit Ihren Fingern glatt (die farbige Seite des Papiers liegt weiterhin unten). Das Papier trägt nun Ihre Spuren, Sie erkennen sich in seinen Faltlinien wieder. Dies ist ein schöner Moment, den Sie genießen sollten. Auch jetzt gilt wieder: In der Ruhe liegt die Kraft.

FALTUNGEN DER HOFFNUNG

INSPIRATION

DER SCHÖPFERISCHE FUNKEN

Als Menschen sind wir von Natur aus kreative Wesen, immer neugierig auf die Wunder des Lebens und die Grenzen auslotend zwischen dem, was wirklich ist und was möglich wäre. Oft aber fühlen wir uns auch uninspiriert und fantasielos in einer Welt, die Effizienz im Allgemeinen über Kreativität stellt.

Wenn wir zu schnell unterwegs sind oder von der Geschwindigkeit des Lebens gestresst sind, kann sich die Inspiration verflüchtigen. In schwierigen Zeiten oder wenn unsere Aufmerksamkeit abgelenkt wird, zieht sich die Inspiration zurück. Um wieder Hoffnung zu schöpfen, müssen wir uns von der Vergangenheit befreien und uns auf die Möglichkeiten konzentrieren, die vor uns liegen. Entschleunigen Sie sich, und der Funke der Inspiration wird entfacht. Seien Sie bereit dafür, denn wenn die Funken einmal sprühen, wird die Welt Feuer fangen, und alles ist möglich.

Jenseits des Horizonts
wird Leben erschaffen.

JEDES FEUER WIRD DURCH EINEN KLEINEN FUNKEN ENTFACHT

Wenn Sie schon einmal ein Streichholz angezündet haben, wissen Sie, dass es nur einen Funken braucht, um ein Feuer zu entfachen; mit einer Bewegung aus dem Handgelenk entsteht lebendiges Licht. Und so ist es auch bei der Inspiration: Ein einziger Funke kann alles verändern. Ich wurde in meinem Leben schon oft vollkommen unerwartet von einer Inspiration überrascht. So erinnere ich mich zum Beispiel, wie ich einmal einen Meditationskurs für eine Gruppe von Studenten gab und gefragt wurde, wann die beste Tageszeit zum Meditieren sei. Während ich antwortete, sah ich mich im Raum um und bemerkte, dass zwei Studenten genau das gleiche Paar Socken trugen. Das war natürlich nicht relevant für die Diskussion, fiel mir aber dennoch auf.

Die Socken waren hellblau, ähnlich der Farbe des Himmels an einem Herbstnachmittag, wenn die Luft frisch ist und man bei jedem Ausatmen seinen Atem sehen kann. Auf der Grundfarbe waren weiße Tupfen in Reihen angeordnet, jeder etwa so groß wie ein kleiner Kieselstein. Ich fand es faszinierend, dass in einem kleinen Raum mit nur relativ wenigen Studenten zwei Personen mit genau den gleichen Socken erschienen waren. Das erstaunte mich wirklich.

Da ich immer noch mitten im Vortrag war, durfte ich nicht zulassen, dass diese Beobachtung mich in meiner Konzentration störte, und so schob ich meine Neugier beiseite und kehrte zu dem ursprünglichen Thema zurück. Doch zwischendurch konnte ich nicht umhin, immer wieder einen Blick auf die Socken zu werfen. Ich war fasziniert und nahm die Muster und die Lebendigkeit der Farben wahr. Sie hatten meine Aufmerksamkeit erregt und meine Inspiration geweckt.

Sie fragen sich vielleicht, warum ich von diesen Socken so gebannt war. Was haben sie damals in mir ausgelöst? Nun, zufälligerweise war ich in der Woche zuvor in ein neues Haus eingezogen und hatte nach Inspirationen gesucht, wie ich eine der Wände im Haus streichen könnte. Ich hatte schon viele Stunden damit verbracht, Zeitschriften und Kunstbücher durchzusehen, auf der Suche nach der richtigen Farbe und den richtigen Mustern für die Raumverschönerung. In jenem Moment fand ich, wonach ich gesucht hatte.

Das Schöne an der Inspiration ist, dass sie kein linearer Prozess ist. Wir können uns nicht einfach dafür entscheiden, zu bestimmten Zeiten inspiriert oder fantasievoll zu sein. Es ist etwas, das zufällig passieren kann, wenn wir es am wenigsten erwarten, so wie es mir in dem Moment mit den blauen Socken ergangen ist. Aber es ist wichtig zu erkennen, dass Inspiration ein Geschenk ist, und wenn sie kommt, wird sie wie ein Streichholz angezündet und schafft etwas, was wir uns vorher nicht vorstellen konnten. Inspiration ist eine Gelegenheit, über das hinauszugehen, was wir bereits kennen, und die Möglichkeit von etwas Neuem zu entdecken.

Bei Sonnenaufgang ist der
erste Lichtstrahl derjenige,
der am meisten enthüllt.

ALLES WIRD AUS DER VORSTELLUNG GEBOREN

Wenn ich nicht hier bin,
schau hinter den Horizont.
Dort wirst du mich finden.

Wenn du etwas nicht weißt,
ist es deshalb nicht unbekannt.

PLATZ SCHAFFEN, UM ZU EMPFANGEN

Inspiration ist wie ein bedeutungsvolles Gespräch: Wir können sie nicht einfordern oder erzwingen, aber wenn sie stattfindet, ist sie tiefgreifend. Deshalb müssen wir lernen, nicht zu ehrgeizig zu sein und uns daran zu erinnern, dass es sich nicht um eine Leistung handelt, die man erbringen oder eine Erfahrung, die man sammeln muss. Inspiration hält sich nicht an einen Zeitplan oder folgt einem bestimmten Rhythmus, und wir finden sie nicht, wenn wir zu hastig unterwegs sind. Inspiration ist die erste Stufe der wahren Transformation, ein Funke, der unendliche Möglichkeiten und ein Bewusstsein schafft, das zu positiven Veränderungen führt. Wir sollten also ruhigere Momente kultivieren, in denen wir uns nicht anstrengen, aber dessen bewusst sind, dass wir immer offen sein müssen, um zu empfangen.

Wasser fließt nicht bergauf

Inspiration ist das Gegenteil von Dringlichkeit. Wenn die Zeit im Vordergrund steht, lässt die Vorstellungskraft nach, und die Kreativität kann erlöschen. In solchen Momenten müssen wir dem Drang voranzupreschen widerstehen. Anstrengung und Ehrgeiz werden Ihnen nicht helfen. Und während sich die Zeit selbst nicht ändert, wird die Inspiration weiter fließen. Ein Stein sollte niemals den Weg des Flusses bestimmen.

Jemand, der denkt, er sei verdienstvoll, ist es meist nicht

Inspiration ist nie etwas Selbstverständliches. Seien Sie dankbar, wenn Sie dieses Geschenk der Kreativität erhalten. Wann immer Sie einen Moment der Inspiration erleben, sollten Sie ihn als etwas sehr Kostbares betrachten.

Das Gras wächst nicht schneller, wenn man daran zieht

Die Inspiration zeigt sich nicht, wenn Sie darauf warten. Richten Sie Ihre Aufmerksamkeit stattdessen auf etwas anderes. Gönnen Sie sich Zeit zum Wandern, sei es mit den Beinen oder mit dem Geist. Vertrauen Sie darauf, dass die Inspiration kommen wird, und seien Sie bereit, aber machen Sie sich keine Gedanken über das Wann.

Ein Schmetterling
landet nur auf einer
ruhigen Hand.

SCHRITT DREI
DIE SANDWICHFALTUNG

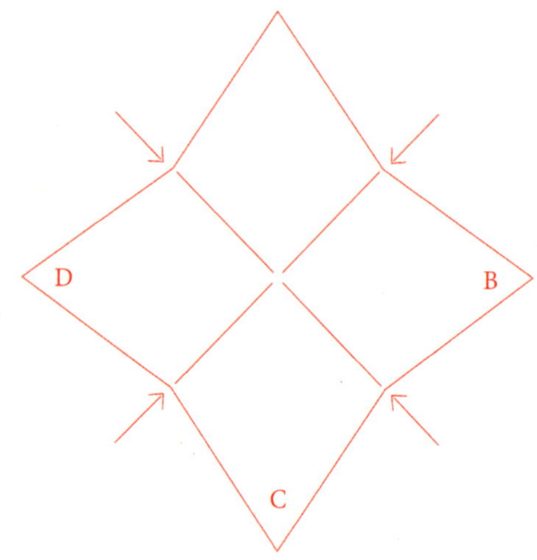

Dies ist der erste Schritt zu einem echten Wandel, aber es ist auch eine Faltung, die zu Frustration und Verwirrung führen kann. Warum? Weil dieser Schritt eine komplexe Handlung, ein feines Gespür und eine positive Vision erfordert. Vor Ihnen liegt nun ein aufgefaltetes Blatt Papier, mit der nicht-farbigen Seite nach oben und mit den sternförmigen Knickfalten versehen, wie sie aus den Schritten 1 und 2 hervorgegangen sind. Positionieren Sie das Papier wie eine Raute statt wie ein Quadrat (siehe Bild oben), denn dann lässt sich der nächste Schritt einfacher durchführen. Nehmen Sie nun zunächst vorsichtig die beiden äußeren Ecken des Papiers (B und D), eine in jede Hand zwischen Daumen und Zeigefinger, und ziehen Sie sie nach innen zur unteren Ecke (C). Die vorhandenen Falze weisen Ihnen dabei den Weg.

Um die Faltung zu beenden, drücken Sie nun den noch nach oben zeigenden Punkt A langsam nach unten, als ob Sie den Deckel einer offenen Luke schließen. Fahren Sie beim Herunterdrücken mit den Fingern an allen Faltkanten der Form entlang, um sicherzustellen, dass sie ganz flach ist und die Ecken wirklich genau übereinander liegen. Vor Ihnen liegt nun eine Raute mit einer offenen und einer geschlossenen Seite, die offene Seite zeigt zu Ihnen. Dieser Schritt kann sich sehr befriedigend anfühlen, weil wir eine völlig neue Form geschaffen haben: Wir befinden uns in der Transformationsphase.

FALTUNGEN DER HOFFNUNG

ABSICHT

BEKENNTNIS ZUR HOFFNUNG

Im Leben ist es wichtig, dass die Hoffnung von Dauer ist. Wir können nicht nur für einen flüchtigen Moment Hoffnung schöpfen und glauben, dass uns dies genügend Mut für unseren weiteren Weg verleiht. Deshalb müssen wir eine feste Entschlossenheit an den Tag legen, die unser Handeln leitet und unseren Blick auf die Welt inspiriert. Dies nennt man die Praxis der sinnvollen Absichten.

Wir müssen unsere Absichten klar formulieren und unsere Aufmerksamkeit auf diese innere Verpflichtung richten, denn unsere sinnhaftesten Handlungen nehmen ihren Ausgang im Herzen. Ein festes Vorhaben ist ein Geschenk, weil wir wissen, dass unser Weg von einem hoffnungsvollen Geist erhellt wird, der uns führen wird, wohin wir auch gehen wollen.

Ein fester Schritt kennt seinen Weg.

STÄBCHEN ODER GABELN?

In meiner Kindheit aßen wir als Familie immer gemeinsam zu Abend. Zu diesem Ritual gehörte, dass meine Mutter das Essen zubereitete und mein Bruder, meine Schwester und ich bestimmte Pflichten dabei zu erfüllen hatten. Wenn ich davon erzähle, ernte ich meistens ein Schmunzeln, da fast alle in ihrer Kindheit etwas Ähnliches erlebt haben. Es gab drei verschiedene Aufgaben, für jedes Kind eine: Tisch decken, Tisch abräumen und Abspülen. Auch heute noch, obwohl wir bereits erwachsen sind und eigene Familien haben, wird von uns dreien erwartet, dass wir diese Pflichten übernehmen, wenn wir zwischendurch wieder einmal zusammen mit unseren Eltern essen.

Wenn ich an meine Kinderjahre zurückdenke, erinnere ich mich auch an unsere Vorlieben bezüglich dieser Pflichten, die bis heute gleich geblieben sind. Meine Schwester Nicole war ein sehr kreatives Mädchen – sie liebte ihre Malbücher, Buntstifte und das Spielen mit ihren Spielsachen – und so kam sie immer nur äußerst ungern zum Abendessen, weil sie es als Strafe ansah, ihre jeweilige Aktivität unterbrechen zu müssen. Als Jüngste und als einziges Mädchen durfte sie sich meistens aussuchen, welche Aufgabe sie übernehmen wollte, und entschied sich dann logischerweise dafür, den Tisch abzuräumen, denn so blieben ihr vor dem Essen noch ein paar Minuten mehr Zeit. Mein liebenswürdiger älterer Bruder Andrew ließ mir danach netterweise oft den Vortritt bei der Wahl zwischen Auftischen und Abwasch. Fast jedes Mal optierte ich für Ersteres, denn den Tisch zu decken bedeutete, dass ich auch etwas vom Kochen und der Essenszubereitung mitbekam, was ich viel aufregender fand als Geschirr zu spülen.

Als kleiner Junge habe ich es geliebt, mit meiner Mutter in der Küche zu stehen. Sie nannte mich ihren kleinen Sous-Chef. Ich schlug bereitwillig Eier auf, kämpfte beim Zwiebelschälen fröhlich mit den Tränen und wusste, wie Reis gekocht wird. Kein Wunder, dass ich unbedingt Koch werden wollte.

Vielleicht wird dieser Traum ja eines Tages noch wahr, wer weiß.

Wenn das Abendessen näher rückte, erinnerte mich meine Mutter jedes Mal daran, dass das Aufdecken eine sehr wichtige Aufgabe war. Sie sagte immer: »Man kann eine Suppe nicht mit einer Gabel essen.« Mit anderen Worten, man musste eine klare Vorstellung von dem servierten Essen haben, um die richtigen Vorbereitungen treffen zu können. Bei uns zu Hause gab es zwei verschiedene Arten von Abendessen: »traditionell« oder »anders«. Ersteres hieß Reis mit Gemüse und Tofu, während Letzteres für westliche Gerichte wie Nudeln, Hähnchen mit Kartoffeln oder gegrillten Fisch mit grünem Salat stand. Ich musste meiner Mutter somit nur eine einfache Frage stellen: »Stäbchen oder Gabeln?« Die Antwort »Stäbchen« bedeutete, dass ich Stäbchen sowie Reisschüsseln, Beilagenteller, Soßenschalen und Servierlöffel aufzulegen hatte. »Gabeln« war gleichbedeutend mit großen Tellern, Salattellern, Brotkorb, Buttermessern und scharfen Messern. Zwei völlig unterschiedliche Gedecke also. Diese einfache Frage ermöglichte es mir, zweckmäßig aufzutischen und war mir darüber hinaus eine Lehre fürs Leben: Manchmal brauchen wir nur eine klare Absicht, die uns zeigt, wie wir das, was auf uns zukommt, wirklich genießen können.

Bevor wir uns zum Essen hinsetzen, müssen wir den Tisch decken.

PERFEKTION IST EIN MYTHOS

Sollten Sie jemals Reis gekocht haben, wissen Sie, dass Perfektion subjektiv und unerbittlich ist. Die Zubereitung und das Timing sind sowohl eine Kunst als auch eine Fertigkeit, und es kann viele Jahre dauern, bis man sie beherrscht, bevor man wirklich weiß, wie es geht. Jeder sollte irgendwann lernen, Reis zu kochen, nicht nur, um sich den Bauch zu füllen, sondern vor allem als Lektion, warum wir nicht nach Perfektion streben müssen.

Wie in den meisten Familien war es meine Mutter, die für das Kochen zuständig war. Sie brachte mir alles bei, was für die Zubereitung von Reisgerichten wichtig ist. Reiskochen ist keine exakte Wissenschaft, sondern eine Kunstform, die man mit der Zeit erlernt und sich aneignet: Das Aussehen und die Beschaffenheit der Körner in den diversen Kochphasen spielen dabei eine große Rolle. Jede Familie hat ihre eigenen Rezepte – manche fügen eine Prise Salz oder einen Spritzer Reisessig hinzu, manche sogar eine Prise Zucker. Auch die Mengen der Zutaten variieren. Es gibt schlichtweg nicht nur eine einzige perfekte Zubereitungsart.

Egal, wie der Prozess abläuft, jedes Mal ist es anders. Jagen Sie also nicht der Perfektion hinterher, denn die gibt es nicht, und Sie werden sie nie erreichen.

An einem windigen Tag soll man keine Pfeile abschießen.

DAS REZEPT MEINER MUTTER

Um Reis zu kochen, brauchen Sie nicht viel: einen Topf, die Reiskörner, Wasser und Ihre beiden Hände. Nicht einmal ein Messbecher ist erforderlich, die Hände reichen aus, um die richtige Menge abzumessen. Eine hohle Hand Reis pro Person ist gut und in der Regel mehr als genug.

Der nächste Schritt ist das Waschen des Reises. Das ist notwendig, um ihn vor dem Kochen von überschüssigen Stärkeresten und möglichen Verunreinigungen zu befreien. Geben Sie den Reis in eine Schüssel und gießen Sie warmes Wasser dazu, damit die Körner etwas aufweichen. Schwenken Sie den Reis vorsichtig darin und gießen Sie das Wasser ab. Wiederholen Sie das, bis das abgegossene Wasser ganz klar ist.

Jetzt geht es darum, das Wasser zum Kochen abzumessen. Laut der traditionellen Methode besteht das Geheimnis darin, den Mittelfinger oben auf die Reiskörner im Topf zu legen und Wasser aufzufüllen, bis es das oberste Fingergelenk erreicht hat. Diese Methode ist keine Wissenschaft, sondern beruht auf Weisheit und Erfahrung – und auf vielen Schalen Reis, die auf diese Weise zubereitet wurden. Sie werden vielleicht lächeln über diese Messmethode, aber wenn Sie eine Mutter oder Großmutter fragen, wird sie Ihnen bestätigen, dass sie funktioniert.

Nachdem das Wasser eingefüllt ist, kann es mit dem Kochen losgehen. Legen Sie einen Deckel auf den Topf und stellen Sie ihn auf die Herdplatte. Alles, was jetzt noch fehlt, ist Zeit, Geduld und niedrige Hitze. Seien Sie sich im Klaren darüber, dass Sie ab diesem Zeitpunkt nichts mehr tun können. Geben Sie dem Reis Zeit zum Garen, rühren Sie nicht um und heben Sie den Deckel nicht an. Das Wasser sollte niemals kochen, es darf höchstens köcheln. Nach 15 bis 20 Minuten wird der Reis warm und verlockend sein. Und sobald das der Fall ist, ist er fertig.

Vertrauen Sie dem Prozess und geben Sie ihm Zeit, das ist das beste Rezept für die Zubereitung von Reis – und für das Leben.

Strebe nicht nach
Perfektion, denn das ist
eine Verschwendung
deiner Vorstellungskraft.

STEHEN SIE ZU IHREN VERGNÜGUNGEN

Wo gefeiert wird, ist es üblich zu tanzen, und ich liebe Gelegenheiten, bei denen ich mich austoben und Spaß haben kann. Es gibt sicherlich viel bessere Tänzer als mich, aber das wird mich nicht davon abhalten, mich zu amüsieren, die Musik zu genießen und meinen Rhythmus zu finden.

Im Laufe der Jahre habe ich außerdem festgestellt, dass ich das Tanzen in zweierlei Hinsicht genieße. Der erste Aspekt ist, einfach Spaß und Freude am Augenblick zu haben. Bei einer Party oder einem Fest werde ich immer einen Weg finden, mit alten und neuen Freunden und Freundinnen die Tanzfläche zu erobern. Und falls mal niemand sonst Lust hat, scheue ich mich auch nicht, alleine zu tanzen. Für mich ist dies etwas herrlich Befreiendes, das mir viel Freude bereitet. Ich muss zugeben, dass ich nicht das beste Rhythmusgefühl habe, aber darum geht es nicht; es ist einfach eine Gelegenheit, sich auszutoben und Spaß zu haben. Die Erfahrung hat mir gezeigt, dass mir das Tanzen vor allem dann richtig Vergnügen bereitet, wenn ich ganz im Hier und Jetzt bin, unvoreingenommen und frei.

Der zweite Grund, warum ich gerne tanze, ist, dass die meisten Menschen das nicht von mir erwarten. Ein Meditationslehrer, so wird gerne angenommen, ist ruhig und zurückhaltend und wird sich sicher nicht an heiteren Aktivitäten beteiligen. Und natürlich bin ich ja auch wirklich kein lauter und schriller Mensch, ich gestikuliere beim Reden nicht, erhebe selten meine Stimme oder schwanke im Tonfall, und so ist es für manche recht überraschend, wenn sie eine andere Seite von mir zu sehen bekommen.

Bei einigen Menschen kommt das dann gar nicht gut an. Als ob meine Entscheidung, Spaß zu haben, das Vertrauen in unsere Beziehung gebrochen hätte. Vielleicht stimmt mein Tanzen nicht mit ihrer Vorstellung von einem Meditationslehrer überein. Manche sagen dann beispielsweise: »Ein Lehrer sollte sich nicht so benehmen.« Das ist in Ordnung: Ich kann ihre Meinung nicht beeinflussen, und ich möchte mich damit aber auch nicht weiter befassen.

Mir ist durch die Erfahrung des Tanzens klar geworden, dass es nicht unsere Aufgabe ist, uns darum zu kümmern, was andere von uns denken. Menschen werden immer eine Meinung haben, aber sie ist keine Bürde, die ich tragen muss. Wir sollten die Entscheidungen treffen, die uns die meiste Freude bereiten, und das ganz bewusst. Finden Sie heraus, was Sie glücklich macht und begeistert, und lassen Sie sich nicht beirren, wenn andere Sie dafür weniger schätzen. Stehen Sie zu Ihren Vergnügungen, lassen Sie Ihre Leidenschaften nicht zu kurz kommen und sich von Erwartungen nicht beirren, mit denen andere Sie zu beeinflussen versuchen. Bleiben Sie standhaft und tanzen Sie voller Stolz, denn Ihre Hingabe wird Ihnen den Weg zu einem erfüllten Leben ebnen.

Ein Stein
hat so
lange
keinen
Nutzen,
bis er
einen hat.

SCHRITT VIER
DIE DRACHENFALTUNG

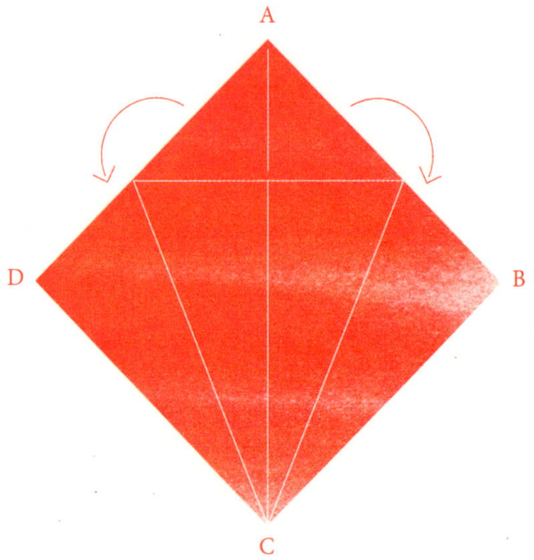

Bei dieser Faltung geht es darum, unsere Absicht zu finden, während wir uns nach innen, in die Mitte der Form bewegen. Wenn Sie auf die vor Ihnen liegende Rautenform blicken, sehen Sie, dass Sie ein Blatt Papier in eine Form verwandelt haben, die sowohl einfach als auch komplex ist. Um nun den Drachen zu falten, bewegen Sie die Form in einer Vierteldrehung im Uhrzeigersinn, sodass die gefaltete Öffnung nach links zeigt (Ecke B weist nach unten). Ich mache diese Vierteldrehung, weil ich es einfacher finde, in der Folge nach oben und unten statt seitlich zu falten. Falten Sie die lange Kante zwischen den Ecken A und B auf der Oberseite der Form zur Mitte an die dort sichtbare Mittelfaltlinie. Nach dem Einklappen fahren Sie mit dem Finger an der Kante des neuen Falzes

entlang, um sicherzustellen, dass er fest ist; diese Vorfaltung wird später noch eine wichtige Rolle spielen. Wiederholen Sie diese Faltung dann mit der gegenüberliegenden Kante zwischen den Ecken B und C, die Sie nach unten zur Mittellinie falten. Wenn Sie diese beiden Knickfaltungen des oberen Flügels abgeschlossen haben, drehen Sie den Kranich um und falten nun die Kanten auf der Rückseite ein. Dies ist eine Übung der Wiederholung, nicht der Perfektion. Wenn Ihnen eine Faltung nicht perfekt gelingt, halten Sie sich nicht lange damit auf. Sie können daraus lernen und es bei den weiteren Faltungen besser machen. Am Ende werden Sie auf jeden Fall eine schmälere Figur als vorher, mit Drachenform, vor sich liegen haben.

Wir alle müssen manchmal im Leben heilen, egal ob es sich um einen gebrochenen Knochen oder ein gebrochenes Herz handelt. Wir treffen die Entscheidung, in die Gegenwart zurückzukehren und das Leiden loszulassen, das uns an dem festhält, was hinter uns liegt. Wenn Sie jemals Leid oder Not erfahren, aber nicht aufgegeben haben, dann befinden Sie sich auf dem Weg der Heilung. Mit der Zeit werden alle Wunden heilen, also nehmen Sie sich Zeit, seien Sie geduldig und konzentrieren Sie sich auf neue Gewohnheiten und Perspektiven, die Ihnen helfen, vollständig in das Hier und Jetzt zurückzufinden.

In diesem Abschnitt des Buches geht es um vier Themen auf dem Weg zur Heilung: Vergebung, Geduld, Widerstandsfähigkeit und Unterstützung. Jedes von ihnen ist wichtig auf unserem weiteren Weg.

Aushalten ist ein Bekenntnis zur Hoffnung, während Loslassen eine Entscheidung für einen Neuanfang ist. Auf dem Weg zur Heilung ist beides sinnhaft.

FALTUNGEN DES HEILENS

HEILEN

RÜCKKEHR IN DIE GEGENWART

FALTUNGEN DES HEILENS

VERGEBUNG

FESSELN LÖSEN

Vergebung ist eine ständige Übung. Wenn wir von einer uns nahestehenden Person schlecht behandelt worden sind, kann sich das Leid, das wir empfinden, lange in uns festsetzen. Vielleicht glauben wir sogar, dass uns eine Entschuldigung zusteht – aber was ist, wenn beide Personen der Meinung sind, im Recht zu sein? Es wird kein Kompromiss gefunden werden. Es wird nichts geschehen, und das Leiden wird weitergehen. Die fehlende Fähigkeit zu vergeben führt zu einem negativen Kreislauf von Schuld und Frustration.

Wenn unser Vertrauen einmal enttäuscht wurde, werden wir anderen gegenüber misstrauisch; wurden wir bestohlen, zweifeln wir an der Ehrlichkeit der Menschen. Erst wenn wir vergeben, sind wir in der Lage, das Leben ohne den negativen Einfluss unserer Vergangenheit zu erfahren. Ohne Vergebung können wir nie wirklich gegenwärtig sein. Sobald wir jedoch verzeihen, lösen sich Anhaftungen auf.

Sei nicht die Hand,
die am festesten zupackt,
sondern die,
die am wenigsten
zu halten hat.

LEIDEN IST EINE WAHL, DIE WIR NICHT TREFFEN MÜSSEN

Als ich in meinen späten Zwanzigern war, ging ich regelmäßig zu Meditationssitzungen bei einem Lehrer, dessen Namen ich inzwischen leider vergessen habe. In diesen Sitzungen saßen wir stundenlang, meist schweigend und manchmal in ruhigen Gesprächen. Ich erinnere mich an einen Abend, als eine der Teilnehmerinnen wegen einer kurz zuvor erfolgten Trennung von ihrem langjährigen Partner sehr verzweifelt war. Sie war schon früher bei einigen Sitzungen zugegen gewesen, und auch wenn ich bisher nicht mit ihr gesprochen hatte, erschien sie mir vertraut.

Ich hatte sie bis dahin immer als fröhlich und lebhaft wahrgenommen, gesprächig und optimistisch, aber an jenem Abend, so erinnere ich mich, war sie ziemlich aufgebracht und offensichtlich todunglücklich. Während der gesamten Sitzung saß sie einfach an der Wand im hinteren Teil des Saals und weinte laut, sodass wir es alle hörten. Ab und zu versuchte jemand, sie zu beruhigen, doch sie zeigte sich in jeder Hinsicht untröstlich. Der Lehrer hatte ihr noch keine besondere Aufmerksamkeit geschenkt, sondern sie lediglich, so wie üblich, mit einem einfachen Nicken und einer Geste der Aufforderung zum Hinsetzen begrüßt. Wegen ihres lauten Weinens erwartete ich eigentlich, wie die meisten anderen auch, dass er versuchen würde, ihr Trost zu spenden. Das tat er jedoch nicht.

Während der nächsten zwanzig Minuten war ihr Weinen im ganzen Saal zu hören, und man konnte sehen, dass die anderen Teilnehmer langsam unruhig wurden. Nach meiner Ansicht hätte sie vielleicht einfach den Raum verlassen sollen, aber sie blieb. Schließlich wurde es unerträglich; es war klar, dass sie sich quälte, und irgendwann wandte sich der Lehrer ihr dann doch zu und sagte: »Meine Liebe, ich muss dir sagen, dass du allen die heutige Meditationserfahrung stiehlst, und deine Entscheidung, dies zu tun, ist egoistisch. Warum wählst du diesen Weg und störst diesen Moment?« Im Raum herrschte Schweigen, überall schockierte Gesichter. Ich glaube nicht, dass jemand mit dieser Reaktion gerechnet hatte.

Sie schaute durch ihre geschwollenen, roten Augen auf und sagte: »Sehen Sie nicht, dass ich wegen meines großen Schmerzes weine?« Der Lehrer antwortete: »Nein, ich kann den Schmerz nicht sehen, ich kann nur dein Leiden sehen.« Daraufhin stand sie abrupt auf und rannte aus dem Zimmer. Offensichtlich gänzlich unbeeindruckt davon wandte der Lehrer seine Aufmerksamkeit wieder den Anwesenden zu.

Viele Jahre später denke ich immer noch manchmal an diesen Moment zurück und frage mich, ob man das nicht anders hätte lösen können. Ich glaube nicht, dass die Frau die Absicht gehabt hatte, uns zu stören. Für mich war ihr Elend ein Schrei nach Hilfe, die Sehnsucht nach Mitgefühl. Aber wenn wir uns die Lektion dieser Erfahrung betrachten – hatte die Frau wirklich Schmerzen, oder war sie, wie der Lehrer sagte, in einem leidenden Zustand? Ist es möglich, zu leiden, ohne Schmerzen zu empfinden?

Wir könnten uns fragen, was die Wissenschaft hierzu meint. Wenn die Frau einen Arzt aufsuchen und sagen würde: »Herr Doktor, ich habe Schmerzen, bitte helfen Sie mir!«, würde er vielleicht fragen: »Bitte sagen Sie mir, wo es wehtut. Wo sind Sie verletzt?« Die Frau könnte sagen: »Es ist mein Herz, ich leide an Herzschmerzen«, aber bei einer Untersuchung würde der Arzt dann kein körperliches Problem finden, weil keines existiert. Für die Frau jedoch ist ihr Schmerzgefühl real. Sie empfindet allerdings in Wirklichkeit keine Schmerzen, sondern Leiden. Ihr Herz ist gebrochen, auch wenn das bei einer ärztlichen Untersuchung nicht erkennbar ist.

Sie werden sich nun vielleicht fragen: Was ist Leiden, wenn es kein Schmerz ist? Und ist es unausweichlich oder eine Wahl? Ich bin zu der Überzeugung gelangt, dass Letzteres zutrifft. Leiden ist die Geschichte, die wir mit unseren traumatischen Erfahrungen verbinden, es ist der Ausdruck der Emotionen, mit denen wir uns selbst belasten, indem wir im Elend unserer vergangenen Missgeschicke, ob schmerzhaft oder nicht, verweilen. Und so unangenehm und unbehaglich es auch ist zu leiden, so ist es doch eine bewusste Entscheidung, die wir treffen: Wir entscheiden uns dafür, ein Opfer zu sein, und wir entscheiden uns, die Geschichte zu verlängern. In allen Fällen geben wir dem Leiden die Erlaubnis zu existieren.

Warum entscheiden wir uns für das Leiden? Diese Frage habe ich mir schon oft gestellt, und das Leiden war in meiner eigenen Vergangenheit auch mir nicht fremd. Ich glaube, dass wir uns für das Leiden entscheiden, weil es uns erlaubt, die Verantwortung für unsere Traumata und unsere Traurigkeit abzugeben und etwas oder jemandem die Schuld dafür zu geben. Wenn wir leiden, sagen wir: »Mein Ex-Freund hat mein Leben ruiniert« oder »Diese Krankheit ist dafür verantwortlich, dass ich nie wieder gehen kann« und haben damit ein Ventil für unsere Wut und Frustration. Das kann ein sehr kathartischer Prozess sein, aber er hilft uns nicht zu heilen. Er hilft uns nur, am Leid festzuhalten.

Wie aber lässt sich Leiden lindern?

Wahrnehmung – Wir dürfen unsere Leidgefühle nicht ignorieren, sonst bleiben sie bestehen und beeinträchtigen unser Wohlbefinden. Das ist genauso, wie Sie es nicht ignorieren dürfen, wenn Sie sich körperlich verletzt haben oder eine Krankheit durchmachen. Bei Liebeskummer oder wenn Sie sich vielleicht ausgenutzt fühlen, ist das Wahrnehmen Ihrer Gefühle der erste Schritt zur Heilung.

Akzeptanz – Leid und Trauer sind reale Erfahrungen, also nennen Sie sie beim Namen, erkennen Sie die Situation an, akzeptieren Sie sie als Wahrheit. Akzeptanz ist ein Schritt in Richtung Realität, das Sich-Ergeben in das, was geschehen ist. Auch wenn es schwerfallen mag, versuchen Sie, keine Schuldzuweisungen zu machen. Sprechen Sie über Ihr Leiden nicht als etwas, das Ihnen »angetan« wurde, sondern einfach als etwas, das geschehen ist.

Handeln – Erlauben Sie sich nicht, im Elend Ihres Unglücks zu verweilen. Sie sind in Ihrer Heilung schon so weit gekommen, und Vergebung geschieht durch überlegtes Handeln. Wenn Sie über Ihr Unglück sprechen, sprechen Sie in der Vergangenheitsform über diese Dinge, als etwas, das hinter Ihnen liegt. Sagen Sie nicht, dass Sie untröstlich sind, sondern stattdessen, dass Sie »auf dem Weg der Heilung« sind. Auf dieser Basis könnten Sie ein Gespräch mit der Person führen, die Sie verletzt hat – es ist wahrscheinlich längst überfällig. Falls Ihre Verletzung körperlicher Natur ist, stellen Sie einen Rehabilitationsplan auf und warten Sie nicht länger damit. Entwickeln Sie eine Vision für die Zukunft, die Ihre Fortschritte belohnt. Wenn wir zielgerichtet handeln, werden sich die Emotionen beruhigen.

Leid existiert nur, wenn wir zulassen, dass die Anhaftungen der Vergangenheit unsere Gegenwart beherrschen. Entscheiden Sie sich, jetzt hier zu sein, und das Leiden kann nicht existieren.

Weisheit bedeutet, zu wissen,
was man nicht braucht,
und zurückzulassen,
was man nicht will.

WIR MÜSSEN LERNEN, ZU TRAUERN UND DANN WEITERZUMACHEN

Kinder haben ihre ganz eigene Art, sich das Leben einfacher zu machen. Als ich einmal bei einer Freundin zu Besuch war, passte ich auf ihren kleinen Jungen auf, während sie im Lebensmittelladen noch ein paar Sachen für das Abendessen besorgte. Er hieß Harper und war damals vielleicht fünf Jahre alt. Harper war ein wildes Kind, das gerne draußen spielte und Bienen, Käfern und allem, was er draußen finden konnte, hinterherjagte. An jenem Nachmittag waren wir im Garten, und dem Kleinen gelang es, eine Grille zu fangen. Mit einem breiten Lächeln im Gesicht zeigte er mir das kleine Geschöpf, das er vorsichtig in der Höhle seiner Hände hielt. Er war überglücklich und fragte, ob er es behalten dürfe. Da ich diese Entscheidung nicht allein treffen wollte, sagte ich, dass wir später seine Mutter fragen müssten und er vorerst einfach die Gesellschaft seines kleinen Gefährten genießen sollte.

Kurze Zeit später kam seine Mutter nach Hause und dann zu uns in den Garten. Harper lief ganz aufgeregt zu ihr. »Sieh mal, Mami, ich habe einen neuen Freund gefunden!« Sie erwiderte mit einem warmen Lächeln: »Das freut mich für dich. Genießt die Zeit zusammen.« Und so verbrachten wir noch einige Stunden draußen, und Harper spielte mit seinem neuen Haustier. Er setzte es in eine leere Kiste und versuchte, sie mit Stöcken und Unkraut etwas wohnlicher zu machen. Dann holte er als Futter ein Salatblatt aus der Küche. Er strahlte vor Freude; dies war sicher bis dahin einer der schönsten Momente in seinem jungen Leben.

Als sich der Nachmittag dem Ende zuneigte, war es an der Zeit, ins Haus zu gehen; es wurde kälter, und meine Freundin wollte das Abendessen zubereiten. Sie sagte: »Harper, pack alles zusammen, wir gehen jetzt hinein.« Worauf fast unvermeidlich die Frage kam: »Darf ich die Grille mit reinnehmen? Sie kann in meinem Zimmer schlafen, damit wir morgen spielen können.« Er hatte seinen neuen Freund sehr lieb gewonnen, und so war sein Wunsch keine Überraschung. Seine Mutter antwortete: »Nein, mein Schatz, das darfst du nicht. Sie kann nicht mit ins Haus, du musst sie draußen im Garten bei den anderen Grillen lassen, sonst verpasst sie ihr eigenes Abendbrot.« Diese Antwort kam bei dem Kleinen nicht gut an, und schnell flossen Tränen der Wut. Irgendwann packte ihn seine Mutter und trug ihn ins Haus; die Grille blieb draußen im Garten. Harper war noch einige Zeit danach wütend und untröstlich.

Später am Abend, nachdem der Fünfjährige sich gewaschen hatte und bettfertig war, bemerkte ich, dass sich seine Stimmung wieder verändert hatte: Er war offensichtlich wieder ganz glücklich, lachte und kicherte und spielte mit den Spielsachen in seinem Zimmer. Das machte mich neugierig, und so fragte ich ihn: »Harper, vermisst du deinen Grillenfreund nicht mehr?« Es war vielleicht nicht die klügste Entscheidung, das Thema so kurz vor dem Schlafengehen anzusprechen, aber ich fragte trotzdem, auch wenn seine Mutter damit sicher nicht einverstanden gewesen wäre.

Seine Antwort war kurz und bündig, aber sehr weise. »Ich habe aufgehört zu weinen. Ich war traurig, aber jetzt mache ich weiter.«

Es gibt Phasen in unserem Leben, in denen wir uns Zeit nehmen müssen, um Verlorenes zu betrauern. Das ist wichtig, und es ist ein notwendiger Prozess, wenn wir einen Verlust erleiden. Ob es sich nun um eine beendete Beziehung, einen zerstörten Traum oder einen Todesfall handelt – Trauern ist ein notwendiger Schritt, um unsere Gefühle zu spüren und unsere Emotionen aufsteigen zu lassen. Das wird uns helfen, in schmerzhaften Zeiten einen Abschluss zu finden. Die Lebenserfahrung sagt uns aber auch, dass wir nicht ewig trauern können und dass es irgendwann ein Ende haben muss. Für manche Menschen ist der Gedanke »weiterzumachen« schwer zu akzeptieren, weil es sich anfühlen kann, als würden wir unsere verlorenen Beziehungen einfach vergessen oder Erfahrungen abwerten. Das stimmt aber ganz und gar nicht. Es ist nichts Falsches daran, mit dem Leben fortzufahren. Wenn wir nicht weitermachen, wird uns das lähmen und künftige Momente der Freude oder bedeutsame Erfahrungen verhindern. Berauben Sie sich nicht dieser Möglichkeiten. Sie verdienen es, glücklich zu sein.

Ich möchte Ihnen folgende Gedanken ans Herz legen: Nehmen Sie sich Zeit zum Trauern, tun Sie es leidenschaftlich und ganz und gar, erlauben Sie sich, alle aufkommenden Emotionen zu fühlen, unterdrücken Sie Ihren Herzschmerz nicht. Überstürzen Sie diesen Prozess nicht, lassen Sie die Gefühle zu, wenn sie auftauchen, und nehmen Sie sich Zeit, sie zu verarbeiten. Vielleicht machen Sie es wie Harper und bekommen einen Wutanfall; geben Sie ihm Raum. Und denken Sie daran, dass Sie nie zu alt für Tränen sind.

Aber dann, wenn die Verzweiflung allmählich nachlässt – und das wird sie – treffen Sie die Entscheidung, weiterzumachen. Das muss nicht schnell geschehen, und es bedeutet auch nicht, dass Sie vergessen müssen. Wenn es Ihnen leichter fällt, können Sie diesen Übergang in einer feierlichen oder zeremoniellen Form vollziehen, denn eine bewusste Würdigung kann helfen, die Trauer zu beenden.

Das erste Mal, wenn Sie diesen Prozess durchlaufen, wird er wahrscheinlich schwierig sein. Loslassen zu müssen ist für viele Menschen zunächst eine leidvolle Erfahrung, aber glauben Sie mir, nach und nach wird es Ihnen wieder leichter ums Herz werden. Ein geliebter Mensch, den Sie verloren haben, würde nicht wollen, dass Sie wegen der Trauer um ihn Ihr eigenes Leben opfern.

Nehmen Sie sich in Momenten der Trauer ein Beispiel an Harper. Trauern Sie und machen Sie dann weiter. Dann werden Sie die Kraft finden, loszulassen und Ihren Frieden zu finden.

Heute werde ich mich erinnern,
aber morgen ist ein neuer Tag,
also werde ich nicht so leben,
wie ich gestern gelebt habe.

BEIM BETRACHTEN DER VERGANGENHEIT SEHEN WIR NUR SCHATTEN

Ein endloser Schatten,
Die vertraute Dunkelheit rührt sich,
Hinter dir ist der Frühling.

Heilung beginnt, wenn
die Anhaftung endet.

SCHRITT FÜNF
DIE DREIECKFALTUNG

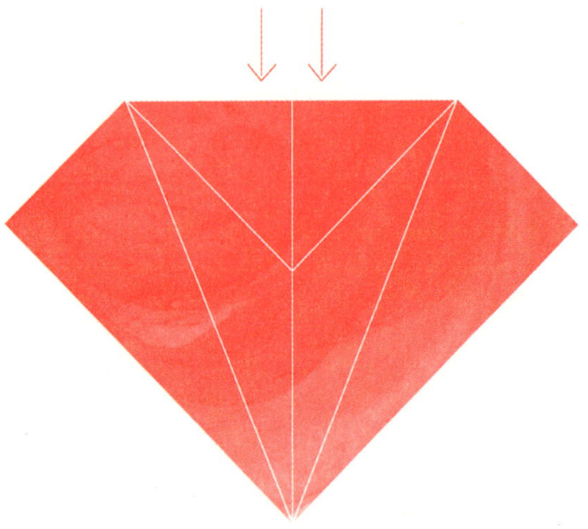

In diesem Schritt müssen wir nur eine kleine Faltung machen, die Dreieckfaltung, die aber nichtsdestominder Ihre volle Aufmerksamkeit erfordert, denn sie ist eine wesentliche Vorfaltung für den Körper des Kranichs. Beginnen Sie damit, die seitlichen Flügel auf der Vorderseite des Drachens aufzuklappen; dadurch wird diese Seite wieder zu einer Raute. Drehen Sie dann die Figur um und nehmen Sie sich einen Moment Zeit, um die gefalteten Flügel auf der Rückseite zu betrachten und die Falze vielleicht noch einmal nachzuziehen; sie werden Ihnen bei der nächsten Faltung nützlich sein. Drehen Sie die Form nun wieder um, sodass die Raute vor Ihnen liegt. Falten Sie die obere Ecke vorsichtig in Richtung der Mitte der Raute. Die Ecke soll dabei am Ende auf der vertikalen Faltlinie zu liegen kommen. Streichen Sie danach mit den Fingern über den Falz, um ihn zu vertiefen und zu festigen, und falten Sie das Dreieck dann wieder auf.

Bei Schritten, bei denen ein Wiederauffalten erforderlich ist, finde ich es hilfreich, danach mit den Fingern an der umgekehrten Knickfalte entlangzufahren, um dem aufgefalteten Zustand nachzuhelfen. Die Falte selbst bleibt so intakt, wird aber weicher. Drehen Sie das Gebilde nun um und wiederholen Sie den ganzen Vorgang auf der Rückseite – aufklappen und dann die obere Spitze nach unten auf die Mittellinie führen. Das kleine Dreieck wird also nach vorne und nach hinten gefaltet. Abschließend führen Sie die äußeren Ecken (B und D) auf beiden Seiten wieder in die Mitte zurück, sodass die ursprüngliche Form des Drachens wiederhergestellt ist und Sie bereit sind für den nächsten Schritt.

FALTUNGEN DES HEILENS

GEDULD

DIE UNSICHERHEIT ANNEHMEN

Jeder Mensch, wie bewusst und achtsam er auch sein mag, wurde schon einmal von der Ungeduld übermannt. Das passiert plötzlich, ungeplant, in einem Moment der Frustration und des Egoismus. Wir sollten uns also fragen, warum wir unsere Geduld verlieren. Warum können wir sie in Zeiten des Ärgers oder der Unruhe nicht bewahren? Wenn wir über Geduld sprechen, beziehen wir uns damit vielfach nicht auf die Erfahrung, sie zu haben, sondern darauf, wie es sich anfühlt, sie zu verlieren.

Aber gerade das kann eine wunderbare Erkenntnis sein, denn wie können wir etwas verlieren, wenn es nicht ein Teil von uns ist? Geduld ist die Kunst, die Ungewissheit anzunehmen und unseren inneren Frieden als höchstes Ziel zu verfolgen. Und so ist Geduld die Übung, die Momente zu verlängern, in denen wir ruhig und gelassen sind, und ein Vertrauen in die Weisheit zu kultivieren, die uns von Natur aus innewohnt. Zeit ist unser größtes Gut, und Geduld ist unsere Bereitschaft, ihr langsam Schritt für Schritt zu folgen.

Ein unruhiger Geist bevorzugt
wenige Schritte, ein geduldiger
Geist freut sich über viele.

RUHE UND GELASSENHEIT

Wenn wir mit Belastungen und Herausforderungen konfrontiert sind, müssen wir lernen, die Ruhe zu bewahren. Und das gilt nicht nur für das Falten von Papier, sondern auch für schwierige und frustrierende Situationen, die wir zu meistern haben. Es reicht nicht aus, einfach nur auf Atempausen zu hoffen, sondern wir müssen aktiv eine geduldige Lebensweise anstreben. Das mag natürlich leichter gesagt als getan sein. Als Menschen befassen wir uns gerne hauptsächlich mit unseren negativen Erfahrungen und eigenen Unzulänglichkeiten, und es fällt uns oft schwer, bei Misserfolgen und Enttäuschungen auch das durchaus vorhandene Positive zu sehen. Doch schon die Wahrnehmung von nur kleinen Fortschritten kann ein wichtiger Schritt hin zu einer optimistischeren Sichtweise sein. Und dann gehen wir auf eine fröhlichere Art und Weise durchs Leben.

Ich habe festgestellt, dass die folgenden drei Grundsätze in Zeiten, in denen wir von Ungeduld befallen werden, sehr hilfreich sein können:

Mehr Anstrengung hilft nicht immer

Nicht jede Situation lässt sich verbessern, indem man mehr Mühe und Kraft aufwendet. Trotzdem besteht unsere erste Reaktion oft darin, unsere Aktivitäten zu verstärken, härter zu arbeiten oder etwas unbedingt durchboxen zu wollen. In manchen Fällen kann dies die Situation aber sogar verschlimmern. Wenn Sie frustriert sind, weil Sie scheinbar gegen eine Wand laufen, sollten Sie sich bewusst machen, dass Sie vielleicht gar nicht noch mehr tun müssen. Entwickeln Sie stattdessen Fähigkeiten, die Ihnen in solchen Momenten helfen: Würdigen Sie Ihre Bemühungen; seien Sie mutig in Ihren Vorhaben und dankbar, dass Sie Ihr Bestes gegeben haben; erkennen Sie Ihre Leistungen an.

Agieren, nicht reagieren

Nehmen Sie sich einen Moment Zeit, um innezuhalten und tief durchzuatmen: Sie müssen Ihre Herausforderungen nicht jetzt sofort bewältigen. Wenn wir unter Druck stehen, ist unsere erste Reaktion oft, die Situation schnell lösen zu wollen, um Erleichterung zu finden, denn es liegt nicht in unserer Natur, uns bei Unannehmlichkeiten wohlzufühlen. Aber seien Sie gewarnt: Dies kann zu emotionalen und unüberlegten Reaktionen führen – Entscheidungen, die in Momenten nervöser Unruhe getroffen werden, sind vielfach von unseren Ängsten und unserem gekränkten Ego bestimmt. Legen Sie also besser eine Pause ein und lassen Sie Ihre Gefühle abklingen. Überstürzte Handlungen werden später oftmals bedauert. Daher ist es wichtig, Raum zu schaffen, damit wir mit zielgerichteten Handlungen reagieren können. Halten Sie inne und machen Sie erst einmal bewusst ein paar tiefe Atemzüge, bevor Sie beginnen zu handeln.

Das Feld räumen

Es ist ein weit verbreiteter Irrglaube, dass Aufgeben ein Zeichen von Schwäche ist. Das stimmt nicht: Es ist wichtig zu wissen, wann man abbrechen oder die Richtung ändern muss. Es ist ein Zeichen von Weisheit und innerer Reife, sich von bestimmten Menschen zu trennen, sich aus einer unerfreulichen Situation zu lösen oder sich von etwas komplett zu lösen, weil es für Sie nicht mehr passt. Räumen Sie Ihrem Seelenfrieden den Vorrang ein; wenn Sie das tun, wird Ihre Welt ruhiger und freundlicher werden.

In der Eile schärfen sich die Kanten,
die Zeit rundet sie ab.

ZEIT FÜR EINEN TEE

In Japan ist Tee mehr als nur ein heißes Getränk, er ist ein heiliges Ritual der Ruhe und Gegenwärtigkeit. Er wird in einer traditionellen Teezeremonie zusammen mit Gästen getrunken, und jedes Element der Zeremonie wird sorgfältig durchgeführt, von der Zubereitung und dem Einschenken bis hin zum Genießen des Tees. Jede Phase dieses Prozesses nimmt einige Zeit in Anspruch, denn es werden darin vollständige Präsenz und absolutes Gewahrsein praktiziert. Der Akt des Teetrinkens erfolgt niemals in Eile.

Betrachten Sie also bei der Zubereitung von Tee, egal zu welchem Anlass, jede Tasse als Ihr eigenes kleines Ritual. Nehmen Sie sich Zeit, um zu entschleunigen und alle Phasen des Rituals bewusst zu genießen, in dem Wissen, dass die ganze Erfahrung eine schöne und achtsame Praxis ist.

TEEMEDITATION DER FÜNF BLÜTENBLÄTTER

Hier ist eine Teemeditation, die Sie zu Hause ausprobieren können. Es ist eine Übung für alle fünf Sinne, die ich persönlich gerne gleich morgens mache.

Das erste Blütenblatt – Sehen: Der Moment des Beginns

Wenn Sie mit dem Teeritual beginnen, decken Sie zunächst den Tisch und legen Sie sorgsam die Gegenstände für die Zubereitung des Tees bereit: Stellen Sie die Teetasse und Teekanne auf den Tisch und holen Sie noch die Utensilien dazu, die Sie vielleicht benötigen, wie einen kleinen Löffel oder eine Serviette. Wählen Sie dann mit Bedacht die Teeblätter oder den Teebeutel aus und legen Sie diese ebenfalls auf den Tisch.

Sobald alles vorbereitet ist, treten Sie einen Schritt zurück und betrachten Sie, was sich Ihnen offenbart. Seien Sie in diesem Moment präsent und schätzen Sie ihn. Nehmen Sie die Zartheit und Schönheit der einzelnen Gegenstände wahr, und achten Sie auf ihre Beschaffenheit und die Details. Überstürzen Sie nichts; seien Sie stattdessen dankbar für das, was jeder Gegenstand zu dieser Erfahrung beiträgt. Erlauben Sie sich, alles genau zu betrachten. Lassen Sie diesen Moment zu und gehen Sie ganz in ihm auf.

Das zweite Blütenblatt – Hören: Vorbereitung des Tees

Lassen Sie zu, dass jedes einzelne Geräusch bei den Vorbereitungen auf seine eigene Weise Ihre Aufmerksamkeit auf sich zieht. Achten Sie auf das Knistern, wenn die Teeblätter oder -beutel von der Packung in die Kanne gegeben werden. Lauschen Sie dem Wasser, das eingegossen wird, dem Löffel und der Tasse, die im Gleichschritt tanzen, wobei jeder akustische Eindruck seinen eigenen Moment bietet, den Sie wertschätzen können. Oft ist jedes Einzelgeräusch für sich genommen beruhigend. Zusammen bilden sie eine angenehme Sinfonie von Klängen für Ihre Ohren.

Das dritte Blütenblatt – Spüren: Zubereitung des Tees

Konzentrieren Sie sich während des Aufbrühens auf die haptischen Reize, also auf die Berührungen. Legen Sie vielleicht Ihre Hände um die Tasse oder Kanne, um die Wärme zu spüren. Seien Sie behutsam, um das Ziehen des Tees nicht zu stören. Sie können sich auch über den Tee beugen und den aufsteigenden Dampf Ihre Wangen küssen lassen. Lassen Sie den Tee Ihre Haut berühren; so berührt er auch Ihre Seele.

Jetzt, wo der Tee zieht, gibt es nichts mehr zu tun: Lassen Sie ihn einfach ziehen. Es gibt keine andere Möglichkeit, als dem Tee seinen Moment des Erwachens zu gewähren, und so müssen wir geduldig sein und ihm die nötige Zeit geben. Das dauert ein paar Minuten, und wenn Sie ungeduldig warten, wird Ihnen diese Zeit wie eine Ewigkeit vorkommen. Seien Sie stattdessen lieber dankbar für diesen Moment des Innehaltens und schätzen Sie ihn.

Das vierte Blütenblatt – Riechen: Den Tee erfahren

Sobald der Tee Zeit hatte, sich zu entfalten, lassen Sie sich auf seine Aromen ein. Jede Tasse ist etwas Besonderes, eine einzigartige Mischung, die Empfindungen auslöst. Seien Sie sich bewusst, dass sich dieser Moment nie wiederholen wird, und geben Sie sich den Raum, um ganz hier zu sein. Der Geruch ist mit unserem Atem verbunden, also atmen Sie jedes einzelne Aroma tief ein und atmen Sie in einen Raum der Ruhe und Stille aus. So erfahren Sie die Kraft des Geruchssinns.

Das fünfte Blütenblatt – Schmecken: Den Tee genießen

Wenn Sie beim fünften Blütenblatt Ihrer Teemeditation ankommen, betrachten Sie diesen Moment nicht als Höhepunkt und machen Sie aus ihm nicht mehr als aus den anderen: Es ist einfach die letzte Empfindung, die Sie genießen können, und eine, die Sie genauso erleben sollten wie alle vorherigen Phasen des Rituals. Nehmen Sie beim ersten Schluck bewusst wahr, wie sich der Tee anfühlt und auch wie Sie sich fühlen. Nehmen Sie wahr, was Sie schmecken; trinken Sie langsam; lassen Sie die Aromen sich entfalten. Auf diese Weise können wir die volle Hingabe an diesen Moment schätzen.

Für Tee sollte man sich immer Zeit lassen,
denn jede Tasse davon ist einzigartig.

DIE WEISHEIT IST DAS GESCHENK, DIE ZEIT DAS GESCHENKBAND

Wenn wir vor einer schwierigen Herausforderung stehen, ist das Geschenk der Zeit unsere größte Chance. Manchmal lassen wir uns zu der Annahme verleiten, dass wir die Hindernisse, die sich uns in den Weg stellen, überwinden können, wenn wir härter arbeiten, durchhalten oder stärker auftreten. Wahre Erkenntnis besteht allerdings darin zu wissen, wann wir einen Schritt zurücktreten und uns eine Atempause gönnen müssen.

Es gibt verschiedene Formen der Geduld, und wir müssen erkennen, dass wir Zeit sehr unterschiedlich wahrnehmen können. Meiner Erkenntnis nach gibt es vier Phasen der Geduld: Reue, Vorwegnehmen, Akzeptanz und Leben. Jede bietet eine völlig andere Erfahrung.

Nehmen wir als Metapher eine Zugfahrt. Stellen Sie sich vor, Sie sind morgens etwas spät dran, und der Zug fährt Ihnen vor der Nase ab. Es bleibt Ihnen nichts anderes übrig, als auf den nächsten Zug zu warten, der in fünfzehn Minuten kommt. Die Frage ist nun: Wie werden Sie die Wartezeit verbringen?

Reue bedeutet, die Negativität der Vergangenheit erneut zu erleben und die Gegenwart als Strafe für unsere vergangenen Handlungen zu sehen. Während Sie auf den Zug warten, werden Sie vielleicht frustriert sein über all die Entscheidungen, die Sie bis zu diesem Moment getroffen haben. Warum sind Sie so spät aufgestanden? Warum haben Sie so lange gebraucht, um sich fertig zu machen? Warum haben Sie auf dem Weg zum Bahnhof angehalten, um ein Foto zu machen? Jede Ihrer bisherigen Entscheidungen an diesem Morgen kann bereut werden und hat zu einer Verzögerung geführt. Diese Art des Wartens ist unangenehm und ärgerlich. Deshalb rate ich Ihnen, dass Sie, wenn Sie Reue verspüren, einfach anerkennen, dass die Zeit unveränderlich ist, und zu dem zurückkehren, was jetzt gerade ist, anstatt sich damit aufzuhalten, was Sie hätten tun sollen. Verschwenden Sie Ihre Energie nicht damit, sich aufzuregen.

Vorwegnehmen bedeutet, der Zukunft nicht zu trauen und sich alle möglichen katastrophalen Ereignisse vorzustellen. Wenn wir uns in einem Zustand des Vorwegnehmens befinden, werden wir Zweifel und Angst erleben; unser Geist wird sich an die Ungewissheit des Unbekannten anhaften.

In unserem Beispiel bedeutet dies, dass Sie skeptisch bezüglich der nahen Zukunft sind. Wird der nächste Zug pünktlich kommen? Werde ich einen Sitzplatz ergattern können? Wird er schnell genug fahren, sodass ich mein Ziel noch rechtzeitig erreiche? Wenn wir ungeduldig warten, befinden wir uns in einem Zustand der Befürchtungen und des Vorwegnehmens und haben das Gefühl, dass die Zukunft nicht schnell genug kommen kann.

Akzeptanz besteht in einem vernünftigen Aushalten des Ist-Zustands, ohne die Fixierung darauf, dass die Situation gut oder schlecht sein muss. Wenn wir die Gegenwart akzeptieren, sind wir nicht in der Vergangenheit oder der Zukunft gefangen, wir sind einfach präsent und im Moment und nehmen es hin, dass die Zeit vergehen muss und dass sie eben ist, wie sie ist.

Im Beispiel mit dem verpassten Zug bedeutet Akzeptanz, dass wir die Umstände wahrnehmen, aber nicht an die Erwartungen gebunden sind, die dadurch möglicherweise geweckt oder enttäuscht werden. Wir haben nicht das Bedürfnis, Fragen zu stellen, denn wir kennen die Antwort bereits. Wir haben einfach akzeptiert, dass die Zeit ihren Lauf nehmen muss, und wenn dann der nächste Zug kommt, steigen wir ein und gehen zur Arbeit.

Leben bedeutet positiv zu handeln und die gegebene Zeit als Geschenk wertzuschätzen, die gut genutzt werden kann. Wenn wir geduldig leben, nehmen wir alle Momente als Segen wahr, und wir sehen nur Chancen und keine Hindernisse.

Wenn wir auf den Zug warten, können wir diese Zeit damit verbringen, die frische Luft zu genießen, ein nettes Gespräch mit einem Fremden zu beginnen, einen Freund anzurufen oder eine kurze Meditation zu machen. Diese Entscheidungen sind positive Handlungen. Ziehen Sie es vor, die Momente des Wartens als ein Geschenk zu betrachten.

Und so müssen wir uns immer daran erinnern, dass Geduld die Kunst ist, der Ungewissheit mit Gewogenheit und Weitsicht zu begegnen. Dies sind das Geschenk und die Weisheit der gut genutzten Zeit.

Ein Moment der Dankbarkeit ist
immer gut investierte Zeit.

SCHRITT SECHS
DIE MUSCHELFALTUNG

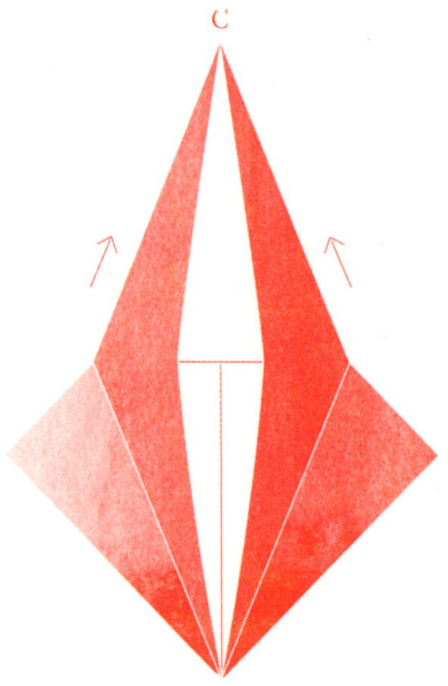

Klappen Sie nun die seitlichen Flügel des Drachens wieder auf (zuerst auf der Vorder-, dann auf der Rückseite), sodass Sie wieder eine Rautenform vor sich liegen haben. Nun fassen Sie mit einer Hand die untere Ecke der oberen Papierlage und ziehen sie langsam zur Spitze der Figur (C), so als ob Sie eine Tüte öffnen. Mit der anderen Hand halten Sie die darunterliegende Faltfläche fest, möglichst in der Mitte, wo sich die Mittelsenkrechte befindet, an der Sie sich bereits beim Falten in Schritt 5 orientiert haben. Sie sollten nun sehen, wie sich eine muschelartige Form vor Ihnen bildet. Nehmen Sie sich Zeit für diesen Schritt; er kann knifflig sein, und Sie brauchen möglicherweise die Unterstützung aller Finger, um alles gut hinzubekommen.

Der nächste Schritt war für mich persönlich immer der schwierigste: das Drücken der beiden äußeren Ecken und der Kanten der unteren Papier-

lage zur Mittellinie hin. Ich ziehe es vor, nicht beide Ecken auf einmal zur Mitte zu führen, sondern zuerst die eine und dann die andere. Dabei gehe ich sehr langsam und behutsam vor, nehme mir viel Zeit. Was diesen Vorgang schwierig machen kann, ist die Tatsache, dass es sich um Umkehrfaltungen handelt, das heißt die Vorfaltungen waren ursprünglich zur anderen Seite gefaltet worden. Indem Sie die äußeren Ecken zur Mitte der Form falten, entstehen neue Außenkanten (die vorherigen Außenkanten liegen jetzt an der Mittellinie an). Wenn die vorangegangenen Faltungen nicht präzise waren, werden Sie dies jetzt merken. Lassen Sie sich dadurch aber nicht entmutigen, Sie sind so oder so schon weit gekommen. Falzen Sie gut nach und drücken und streichen Sie die ganze Form vorsichtig flach. Nehmen Sie sich Zeit, um diese abstrakte Form zu betrachten und wertzuschätzen. Im Grunde ist es eine schlanke Raute mit zwei Klappen, die links und rechts nach außen ragen. Es ist eine unkonventionelle Form. Sie steht stellvertretend für eine gewaltige Verwandlung und ist eine notwendige Erinnerung daran, dass wir nicht alle einer bestimmten Form entsprechen müssen. Im nächsten Kapitel werden Sie diese Faltung vollenden.

FALTUNGEN DES HEILENS

WIDERSTANDS-FÄHIGKEIT

ERINNERN AN DAS WARUM

Es ist eine Unvermeidlichkeit des Lebens, dass wir hin und wieder zu Boden gehen. Wenn dies geschieht, glauben wir vielleicht, dass wir am Ende und besiegt sind. In Wahrheit aber sind wir nur dann k. o., wenn wir nicht mehr aufstehen, und das ist eine Entscheidung, welche der oder die Am-Boden-Liegende alleine trifft. Die Kunst der Widerstandsfähigkeit besteht darin, sich daran zu erinnern, warum wir uns überhaupt auf den Weg gemacht haben, und den Grund dafür bei Herausforderungen und Hindernissen auf diesem Weg im Herzen zu behalten.

Seien Sie gütig zu sich selbst; lassen Sie sich nicht von Leiden oder Ungemach vom Weg abbringen: Heilung braucht Zeit und muss nicht überstürzt werden. Befreien Sie sich von allen Erwartungen und geben Sie sich einfach Raum, um Kraft zu finden; kehren Sie auf Ihren Weg zurück und schreiten Sie weiter voran. Nichts kann Sie ohne Ihre Erlaubnis besiegen: Erinnern Sie sich an das Warum und stehen Sie wieder auf.

STEIGEN WIE DIE FLUT

Die Wellen fließen im Rhythmus,
Die Dunkelheit bringt den fallenden Regen,
Entsinne dich der Sonne.

Das Schöne ist, sich nicht daran zu entsinnen,
wann die Sonne aufgeht, sondern warum.

MACHEN SIE EINE PAUSE, ABER GEBEN SIE NICHT AUF

Fünf entspannende Übungen zur Stärkung der Widerstandsfähigkeit

Wir alle müssen Widerstandsfähigkeit entwickeln, die uns stärkt und unterstützt. Ein ausgeruhter Geist führt zu zielgerichtetem Handeln und klugen Entscheidungen.

Und so dürfen wir in kraftraubenden Zeiten nicht aufgeben, sondern müssen lernen, uns ab und zu Ruhe zu gönnen, denn das ist der beste Weg, wieder Energie zu tanken. Wer auf einer Wanderung nie eine Rast einlegt, wird es schwer haben, ans Ziel zu kommen. Pausieren ist Erholung, eine bewusste Handlung, um Stress abzubauen und die Widerstandsfähigkeit zu stärken.

Dem Körper Ruhe gönnen – Ihr Körper braucht ausreichend Ruhepausen. Wenn Sie müde oder erschöpft sind, schlafen Sie oder nehmen Sie sich Zeit zum Ausspannen, fahren Sie Ihre Aktivitäten herunter und erlauben Sie sich, weniger zu tun. Genügend Schlaf ist etwas äußerst Wichtiges. Gehen Sie also früher ins Bett oder schlafen Sie morgens länger. Sie sollten nicht den Ehrgeiz haben, möglichst wenig zu schlafen, sondern vielmehr schätzen, wie gut Sie sich nach einer erholsamen Nacht fühlen. Frühes Aufstehen ist kein Zeichen für Erfolg, und Ausschlafen hat nichts mit Faulheit zu tun. Ein ausgeruhter Körper erhebt sich voller Tatkraft und Elan.

Den Atem beruhigen – Konzentrieren Sie sich auf Ihren Atem und atmen Sie bewusst langsam. Versuchen Sie, einen konstanten und entspannten Rhythmus zu finden. Gleichmäßiges Atmen beruhigt das Nervensystem und erhöht die Qualität unserer Ein- und Ausatmung, sodass wir uns leistungsfähiger und gelassener fühlen. Die nachstehende Atemübung kann helfen, einen besseren Atemrhythmus zu finden.

Das Ziel ist ein gleichmäßiger Rhythmus aus vier gleich langen Teilen:

1. Das Einatmen

2. Ein kurzes Verweilen am maximalen Punkt der Einatmung

3. Das Ausatmen

4. Ein kurzes Verweilen am maximalen Punkt der Ausatmung

Nun stellen Sie sich Ihren Atem als ein Quadrat vor, wobei jeder Teil langsam und gleichmäßig an den Seiten des Quadrats entlang zieht. Auf dieser Weise ist der Rhythmus der Übung gleichmäßig und gedehnt.

Führen Sie diese Übung in einem Viersekundentakt entlang jeder Seite des Quadrats durch.

1. Atmen Sie vier Sekunden lang ein.

2. Halten Sie den Atem vier Sekunden lang an.

3. Atmen Sie vier Sekunden lang aus.

4. Halten Sie den Atem vier Sekunden lang an.

Wiederholen Sie die gesamte Übung zehnmal oder kontinuierlich zwei bis drei Minuten lang. Sie können aber ohne Weiteres auch länger üben, das vertieft die Entspannung noch. Im Laufe der Zeit können Sie den Takt auf sechs oder sogar acht Sekunden erhöhen. Am Ende setzen Sie sich jeweils bequem hin und beobachten die Wirkung. Wie fühlen Sie sich? Diese Atemtechnik hilft Ihnen, zur Ruhe zu kommen und sich zu erholen. Praktizieren Sie sie möglichst täglich, vor allem wenn Sie Stress oder Unruhe verspüren.

Den Geist beruhigen – Selbst in Zeiten, in denen der Körper ruht, kann es leicht passieren, dass der Geist weiterhin sehr aktiv ist. Manchmal nimmt er dann sogar erst recht an Fahrt auf und wird von Gedanken förmlich überflutet. Leider ist es nicht möglich, den Geist abzuschalten, lassen Sie sich das von niemandem einreden: Sie haben keinen Ein/Aus-Schalter wie eine Maschine. Deshalb gilt es, aktiv einen Prozess zu pflegen, in dem wir unseren Geist zur Ruhe bringen und die Entspannung bewusst erfahren können.

Eine Meditationstechnik, die Ihnen dabei helfen kann, den Strom der Gedanken zu unterbrechen, ist Zazen. Sie ist in Japan sehr beliebt und hat ihren Ursprung im Zen-Buddhismus. Der/die Übende verbindet sich dabei in vollkommener Achtsamkeit mit dem gegenwärtigen Moment.

Um Zazen zu praktizieren, suchen Sie sich einen bequemen Platz auf dem Boden, nach Möglichkeit auf einem Sitzkissen oder einer Matte. Es ist üblich, die Übung im Schneidersitz oder Fersensitz durchzuführen, aber wenn Ihnen das zu unbequem oder aus körperlichen Gründen nicht möglich ist, dann begeben Sie sich in eine andere, Ihnen angenehme Position. Wählen Sie die Sitzhaltung, die für Sie geeignet ist und den Körper von Beschwerden entlastet. Es ist auch in Ordnung, auf einem Stuhl oder einem Sofa zu sitzen. Sollten Sie zu den Menschen gehören, die leicht frieren, wickeln Sie sich in eine Decke ein.

Wenn Sie Ihre Sitzposition eingenommen haben, schließen Sie die Augen ganz oder halb – in letzterem Fall richten Sie den Blick auf den Boden vor

Ihnen. Beim traditionellen Zazen setzen sich die Meditierenden ein paar Zentimeter von der Wand entfernt mit dem Gesicht zur Wand und versuchen die Augen zu entspannen, während sie geradeaus schauen.

Zazen ist eine Praxis des absoluten Gewahrseins im Augenblick, eine Loslösung von den Gedanken, die versuchen, sich in den Vordergrund zu drängen. Es ist eine Praxis des Nichtdenkens und der unablässigen Selbstbeobachtung, und bei richtiger Ausübung erlaubt sie dem Geist, sich von den Versuchungen umherschweifender und ablenkender Gedanken zu befreien.

Eine Zazen-Sitzung dauert traditionell vierzig Minuten. Wenn Sie diese Zeit aufbringen können und möchten, wird es Ihnen mit Sicherheit guttun, sich so lange zu zentrieren. Am Anfang sind vierzig Minuten aber möglicherweise noch etwas lang, und Sie können eine kürzere Zeitspanne wählen, die Ihnen passt. »Ganz oder gar nicht« ist nicht die richtige Herangehensweise; es ist besser, nur für eine kurze Dauer von dieser Achtsamkeitsübung zu profitieren als überhaupt nicht.

Wenn Sie generell neu in der Meditationspraxis sind, dann würde ich für den Anfang eine Zeitspanne von acht Minuten vorschlagen. Üben Sie zweimal am Tag und erhöhen Sie allmählich die Zeit von acht Minuten auf zwanzig. Irgendwann wird Ihnen dann das Meditieren so angenehm sein, dass Sie von selbst das Bedürfnis haben werden, es auf vierzig Minuten auszudehnen.

Die Emotionen beruhigen – Menschen sind emotionale Wesen, und wir können eine große Palette an Gefühlen erleben, von Aufregung bis Frustration, von Leidenschaft bis Verzweiflung und unzählige andere Gefühle, die sich auf unsere Energie und Leistungsfähigkeit auswirken. Wenn Sie ein sensibler Mensch sind, können diese Wellen von Emotionen, die Sie empfinden, anstrengend und erschöpfend sein.

Und so müssen wir lernen, die schwingenden Emotionen des Lebens zu beruhigen und uns nach innen zu wenden, hin zu Gleichmut und einem Zustand der emotionalen Losgelöstheit. Wir müssen uns bewusst von dramatischen Momenten und aufregenden Erfahrungen zurückziehen, um unsere Emotionen zu besänftigen. Wenn wir uns dafür entscheiden, uns zu entspannen und zur Ruhe zu kommen, können wir nachdenken und von einem anhaltenden Gefühl der Gelassenheit profitieren. Oft werden wir dann feststellen, dass die Höhen gar nicht so gewaltig und die Tiefen gar nicht so trostlos sind, wie sie uns zuerst erschienen sind. Wer sich selbst die Erlaubnis zum Atemschöpfen gibt, kann eine neue Perspektive auf die eigenen Gefühle gewinnen, die dabei hilft, zwischen dem, was wirklich Aufmerksamkeit erfordert, und dem, was einfach eine emotionale Ablenkung ist, zu unterscheiden.

Den Geist beruhigen – In Phasen der Heilung müssen wir unsere Hoffnungen aufrechthalten, aber das bedeutet nicht, dass wir nicht auch Momente der Ruhe haben können. Sich zu sehr an die Hoffnungen oder den Heilungsweg zu klammern, kann sehr aufreibend sein. Wir sollten dann ab und zu auch mal den Griff lockern und eine Pause einlegen, insbesondere wenn der Heilungsweg lang ist. Voller Hoffnung zu sein ist manchmal ermüdend, vor allem, wenn wir mit einer Krankheit kämpfen oder uns von einer Verletzung erholen. Auch wenn wir uns gegen Ungerechtigkeit auflehnen und unser ganzes Mitgefühl dabei einsetzen, kann dies anstrengend sein. Hoffnung braucht Momente der Ruhe; wir müssen lernen, darauf zu vertrauen, dass ein vorübergehendes Innehalten unsere Entschlossenheit nicht schwächt. Wenn wir zwischendurch verschnaufen, stärkt dies letztendlich das Gefühl der Sinnhaftigkeit, und wir fassen wieder neuen Mut.

Wenn du einen Berg besteigst,
halte oft inne, um die Aussicht
zu genießen.

Lieber eine Maus,
die brüllt, als ein Löwe,
der nur sagt, dass er
es tun wird.

DAS FLÜSTERN UND DAS BRÜLLEN

Es war einmal eine Maus, die war winzig und klein.
Sie wachte jeden Tag auf, um dem Ruf zu folgen,
Die Welt mit ihrer Stärke und Kraft zu erobern,
Aufzustehen und den Kampf fortzusetzen.

Eines Tages begegnete sie einem wilden und starken Löwen.
Er zweifelte an ihrem Mut, ihr Lied weiter zu singen,
Und sagte: »Du kannst nicht brüllen, du bist nicht wie ich,
Du bist eine Maus, du bist klein, und das ist alles, was du sein kannst.«

Aber die Maus hörte nicht auf ihn, sie wusste, dass sie brüllen konnte,
Also öffnete sie den Mund und klappte den Kiefer weit auf.
Sie stieß einen Laut aus, der aber kaum vernehmbar war,
Denn ihr Brüllen war nur ein leises Flüstern.

Der Löwe lachte ihr ins Gesicht und sagte ihr, sie solle aufgeben:
»Deine Stimme würde nicht einmal die kleinste Teetasse füllen.
Morgen werde ich dir das Brüllen eines echten Löwen zeigen.«
Doch am nächsten Morgen schnarchte er nur.

Aber die Maus hörte nicht auf, sie versuchte es weiter.
Sie gab nie auf, sie weinte nicht vor Enttäuschung.
Wenn sie sich abends zum Schlafen niederlegte,
Schwor sie sich, am nächsten Tag weiterzumachen.

Und das, obwohl sie nur so eine piepsige Stimme hatte.
Die tapferste Entscheidung ist die, es zu versuchen,
Denn es ist nicht die Lautstärke, die dein Brüllen definiert,
Sondern der Mut in dir, der zu mehr ermutigt.

Zweifle nicht an deinem Weg; ein Kreis kehrt immer an den Ausgangspunkt zurück.

SCHRITT SIEBEN
DIE RAUTENFALTUNG

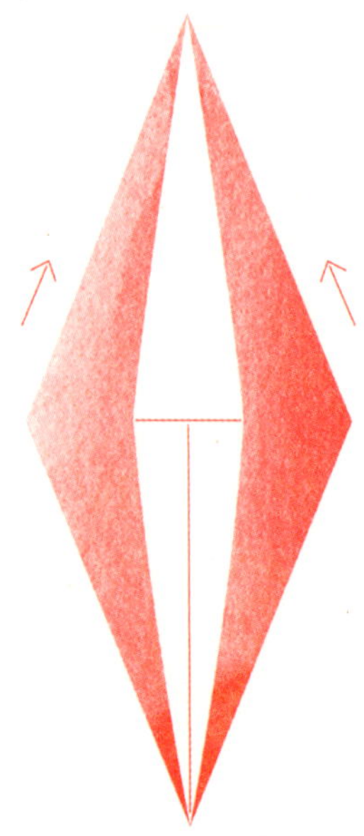

Überstürzen Sie in dieser Phase nichts – vielleicht ist dies sogar ein guter Moment, um innezuhalten und sich auszuruhen. Ich habe oft festgestellt, dass ich nach der ersten Muschelfaltung erst einmal eine Pause einlegen musste, weil sie so komplex und herausfordernd ist. Ein Moment des Innehaltens kommt nie ungelegen. Bei der Rautenfaltung, auch zweite Muschelfaltung genannt, geht es dann meistens schon besser voran. Sie werden sich vielleicht fragen, warum diese Faltung einen eigenen Schritt erfordert? Ich hätte sie ja auch einfach zu einem Bestandteil des vorherigen Schritts machen können, mit einem Satz wie diesem: »Nun die Figur umdrehen und den Arbeitsschritt wiederholen«. Ich habe jedoch die Erfahrung gemacht, dass die Muschelfaltung für viele Menschen diejenige ist, bei der sie am meisten nachdenken müssen, und ein Moment Pause

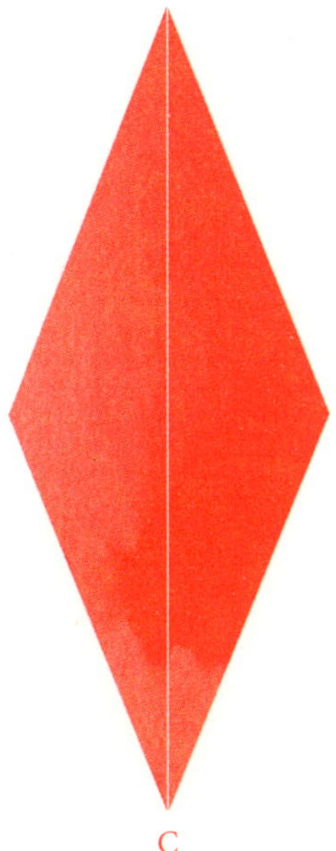

zwischen den beiden Faltungen kann die Frustration in den Fingerspitzen beruhigen, die beim Falten der Vorderseite möglicherweise entstanden ist.

Nun also: Wenn Sie bereit sind, drehen Sie den Kranich um und bereiten Sie sich darauf vor, auch die Rückseite zu einer Raute zu falten. Heben Sie wieder die untere Spitze (C) an, um den Bauch des Kranichs freizulegen. Bringen Sie die äußeren Kanten des Papiers zur Mittellinie, zuerst die eine und dann die andere. Falzen Sie die äußeren Faltkanten noch einmal nach und drücken Sie die Form dann vorsichtig flach. Das Ergebnis der beiden Muschelfaltungen ist eine langgestreckte schöne Raute, die Ausgangsform für den Kranich, der nun schon bald bereit sein wird zu fliegen.

FALTUNGEN DES HEILENS

UNTERSTÜTZUNG

LIEBE IN DIE TAT UMSETZEN

Ich werde öfter um Rat gefragt, wenn sich jemand verirrt hat oder an einem Punkt angelangt ist, an dem er sich hilflos und verloren fühlt. Bei solchen Gelegenheiten tue ich dann mein Bestes, freundlich zu sein und wenn möglich meine Unterstützung anzubieten, denn ich weiß, dass Menschen oft einfach nur Liebe und Güte brauchen. Ich höre zu und lasse sie über ihre Probleme sprechen. Die Menschen wollen schlichtweg, dass ihnen jemand zuhört, und sind beruhigt, wenn man sich um ihr Wohlbefinden sorgt.

Unterstützung anzubieten, ist ein Zeichen von Zuneigung, und sie zu erhalten, ist ein Zeichen der Verbundenheit. Manchmal fühlt es sich so an, als würden wir aufgeben, wenn wir um Hilfe bitten, aber das stimmt nicht: Hilfe anfordern bedeutet im Gegenteil, dass wir eben gerade noch nicht resigniert haben. Weisen Sie Hilfsangebote nicht zurück, sondern erlauben Sie anderen, Ihnen Beistand zu gewähren, so wie Sie es umgekehrt auch machen würden.

Das Leben ist kein Weg, den man allein geht, und es ist wichtig, starke Beziehungen zu pflegen, in denen wir uns sicher fühlen und die uns ein Gefühl der Zugehörigkeit vermitteln. In einer solchen Beziehung mit einem anderen Menschen oder einer Gemeinschaft zu sein, bedeutet zu verstehen, dass wir gemeinsam viel mehr erreichen können als allein. Unterstützung ist in die Tat umgesetzte Liebe – sie zu geben, sie zu empfangen und sie zu sein, für uns selbst und für andere.

Wie Kraniche, die zusammen in einem Schwarm fliegen, sollten auch die Menschen gemeinsam durchs Leben gehen.

Ein starkes Joch trägt eine
schwererc Last.

EINE DARGEBOTENE HAND

Als wir noch kleine Jungen waren, prügelten mein Bruder und ich uns ab und zu, wenn wir unsere Meinungsverschiedenheiten nicht mit Worten lösen konnten. Der Altersunterschied zwischen uns betrug nur zwei Jahre, und so führten unsere Differenzen oft zu Frustration und Wut, und wie es bei Jungen üblich ist, wurden Ringkämpfe ausgefochten und Tränen vergossen. Aber ganz gleich, wie eine Auseinandersetzung ausging, mein Vater ließ uns am Ende aufstehen, uns die Hand geben, uns gegenseitig entschuldigen und sagen: »Ich hab´ dich gern«. Unabhängig davon, wer gewonnen oder verloren hatte, wurde jede Unstimmigkeit letztendlich mit einer ausgestreckten Hand beigelegt.

Unser letzter großer Streit ist schon viele Jahre her, und inzwischen sind wir aus unserer kindlichen Unreife herausgewachsen. Aber von Zeit zu Zeit führen mein Bruder und ich immer noch heftige Debatten und sind uns über etwas uneinig. Oft handelt es sich dabei um Kleinigkeiten, wie zum Beispiel unterschiedliche Auffassungen über die richtige Methode zum Dämpfen von Fisch oder zum Formen von Knödeln. Bis heute jedoch geben wir uns nach jeder Meinungsverschiedenheit die Hand, um sicherzustellen, dass unsere Geschwisterliebe nicht darunter leidet.

Der Glaube, dass eine Faust mehr bewirkt als eine ausgestreckte Hand, führt oft zu großem Unglück im Leben. Eine geschlossene Hand ist nicht in der Lage, sich zu verbinden oder eine gemeinsame Basis für eine Verbindung zu schaffen. Wenn wir eine Faust machen, gehen Anstand und Vernunft verloren. Die Faust ist ein primitives Werkzeug, das in Aggression und Spaltung wurzelt: Wir ballen die Fäuste, wenn wir in Schlachten und Kriege ziehen, um unsere Meinungen voneinander abzugrenzen und unser Ego schamlos auszuleben.

Es mag den Anschein haben, dass eine Faust stark ist, aber sie ist es nicht wirklich; sie ist einfach nur eine verbreitete Form, Stärke zu demonstrieren. Eine Faust kann zwar die Vergangenheit klären, aber sie kann nicht die Gegenwart willkommen heißen oder uns in der Zukunft zusammenführen. Die Hand zur Faust zu schließen ist ein Akt der Endgültigkeit und des Widerstands, eine, die Meinungsverschiedenheiten und Trennungen in Kauf nimmt. Selbst im Boxring ist es üblich, dass sich die Kämpfer am Ende die Hand reichen, egal wie der Kampf ausgegangen ist.

Eine Faust kann keine Liebe zeigen, denn sie hält unseren Stolz zu fest in der geballten Hand und ist nicht bereit, loszulassen oder einen Punkt der Übereinstimmung zu finden. Eine geschlossene Hand kann niemandem helfen, der zu Boden gestoßen wurde, noch kann sie einem müden Wanderer einen Platz anbieten. Nur eine offene Hand kann einen Freund begrüßen oder ihm zum Abschied zuwinken.

Eine offene Hand ist ein Zeichen der Verbindung und der Einladung; sie ist buchstäblich eine helfende Hand. Sie führt zwei Menschen zusammen, sie verlangt keine Gegenleistung. Eine offene Hand kann helfen, eine schwere Last zu tragen. Je mehr dargebotene Hände, desto leichter die Arbeit. Eine offene Hand ist immer ein Angebot der Liebe.

Eine offene Hand
ist immer stärker.

DIE UNSICHTBARE ARMEE

In einer Herbstnacht vor einigen Jahren wurde in unser Haus eingebrochen, während wir schliefen, und viele unserer Habseligkeiten wurden gestohlen. Die Diebe nahmen unsere Geldbeutel, Pässe, Kameras und andere persönliche Gegenstände mit. Als meine Lebenspartnerin und ich am nächsten Tag aufwachten, riefen wir die Polizei und erstatteten Anzeige. Die nächsten Tage waren von einer Flut von Emotionen geprägt, und unsere Ängste überschwemmten unseren Alltag mit einem Gefühl der Hilflosigkeit und des Schmerzes. Würden die Täter zurückkommen? Waren wir immer noch in Gefahr? Konnten wir es uns leisten, alles zu ersetzen, was gestohlen worden war? Würden wir wieder ruhig schlafen können?

In den nächsten Tagen, als wir mit Nachbarn und Freunden sprachen, war die Unterstützung, die wir erhielten, wirklich wunderbar. Aus der ganzen Welt erreichten uns Nachrichten und nette Worte; Menschen, mit denen ich seit Jahren nicht mehr gesprochen hatte, riefen an und fragten, ob es uns gut gehe oder ob wir Hilfe bräuchten, um die verlorenen Dinge zu ersetzen. Unsere fast neunzigjährige Nachbarin bot uns an, in der Nacht vor dem Haus Wache zu halten, damit wir ruhig schlafen konnten. Bekannte aus dem Viertel schlugen uns vor, ihre Teenager-Jungs für ein paar Tage auf dem Besuchersofa nächtigen zu lassen, falls die Einbrecher zurückkämen. Im Laufe der Zeit trafen immer mehr Nachrichten ein; Menschen schickten Blumen und Karten, Kuchen und kleine Geschenke; Freunde kamen vorbei oder riefen abends an, um sich zu vergewissern, dass alles okay bei uns war. Es waren wunderbare Zeichen der Liebe und Unterstützung, die wir in diesem Ausmaß nicht erwartet hätten. Wir hatten uns noch nie so geliebt gefühlt.

All dies führte mir wieder einmal vor Augen, dass wir Menschen soziale Wesen sind und es in unserer Natur liegt, anderen zu helfen. Selbst eine räumliche oder zeitliche Trennung kann die Flamme der Freundschaft nicht zum Erlöschen bringen, die Kraft der Liebe nicht dämpfen. Auch wenn wir den Kontakt zu manchen Menschen verloren oder sie eine Weile nicht gesehen haben, sind sie in der Not für uns da. Durch die Welle der Hilfsbereitschaft nach dem Einbruch habe ich fünf Dinge gelernt, die mich immer wieder daran erinnern, wie viel stärker wir gemeinsam sind und wie viel Einfluss ein unterstützendes Umfeld auf unser Wohlbefinden haben kann.

Erstens sind Menschen von Natur aus hilfsbereit und werden immer Beistand leisten, wo sie können. Im Falle einer Notlage oder eines Unglücks unternehmen sie außerordentliche Anstrengungen, damit sich die Betroffenen sicher und angenommen fühlen.

Zweitens müssen wir daran denken, unsere Unterstützung proaktiv anzubieten. In dem oben geschilderten Fall haben wir damals niemanden um Hilfe gebeten, aber sie kam trotzdem von allen Seiten. Warten Sie nicht darauf, dass die Menschen Sie um Beistand bitten; ihre Situation ist vielleicht zu traumatisch, als dass sie sich sofort melden würden. Rufen Sie ab und zu an oder schicken Sie eine Nachricht, lassen Sie nicht locker; manchmal braucht es ein paar Versuche, bis jemand bereit oder in der Lage ist, Hilfe anzunehmen, und das ist auch in Ordnung. Seien Sie hartnäckig und lassen Sie sich nicht von Ihrem Ego oder Ihren Gefühlen davon abhalten; der

Widerstand der Betroffenen, Hilfe anzunehmen, ist oft selbst ein Hilfeschrei. Hilfe zu leisten ist oft leichter, als sie anzunehmen.

Drittens: Unterschätzen Sie niemals die Macht menschlicher Beziehungen. Rufen Sie an, um Hallo zu sagen; in einer digitalisierten Welt gibt es nichts Wärmeres als den Klang einer vertrauten Stimme. Echte Unterstützung entspringt echter Verbundenheit: Liebe und Güte ist jeden Aufwand wert.

Viertens sollten Sie Hilfe nach Möglichkeit annehmen, wenn sie Ihnen angeboten wird: Zeigen Sie keinen falschen Stolz. Fast alles im Leben ist einfacher, wenn die Last geteilt wird. Wenn Sie Schwierigkeiten haben, die Miete zu zahlen oder über die Runden zu kommen, seien Sie ehrlich, teilen Sie Ihre Probleme mit, und Sie werden angenehm überrascht sein, wie bereitwillig andere Menschen Ihnen helfen werden, wieder auf die Beine zu kommen. Sollten Sie seelisch angeschlagen sein, verrennen Sie sich nicht in das Gefühl, anderen auf die Nerven zu fallen. Sie müssen nicht allein leiden, es gibt immer Mitmenschen, die Ihnen gerne zuhören. Manche Leute vertreten die Ansicht, dass man keine Hilfe akzeptieren soll, wenn man nicht bereit ist, selbst etwas zu geben, aber dieser Meinung bin ich nicht. Nehmen Sie die Hilfe stattdessen einfach an und seien Sie dankbar für die Zeit und die Energie der anderen Person.

Und schließlich sollte es fünftens niemals darum gehen, eine Gegenleistung zu bekommen. Geben Sie freiwillig, aber erwarten Sie nichts dafür zurück. Unterstützung muss nicht belohnt werden; sie soll einfach gelebte Zuwendung sein.

Letztendlich sollten wir uns immer daran erinnern, dass Güte sich nicht in großen Aktionen oder Anstrengungen manifestieren muss. Wenn jemand in einer schwierigen Lage ist, können ein warmes Lächeln, ein paar freundliche Worte oder einfach nur etwas Zeit, um ihm oder ihr Gesellschaft zu leisten oder zuzuhören, mehr als genug sein.

Ich bin auf ewig dankbar, erfahren zu haben, dass ich geschätzt und gemocht werde. Glauben Sie mir: In einer Notlage würden Sie ähnliche Erfahrungen machen!

Die schönsten Blumen
sind jene, die miteinander
wachsen.

LIEBE IST FUNDAMENTAL, ZUSAMMENGEHÖRIGKEIT IST BEDINGUNGSLOS

Nach meinem Umzug nach London in meinen späten Zwanzigern hatte ich dort anfangs noch kaum Freunde, sodass ich nicht so recht wusste, was ich tun sollte, als das erste Weihnachtsfest nahte. Meine Eltern und Geschwister lebten in Kalifornien, und in den Weihnachtsferien waren die Flüge dorthin besonders teuer. Der Familienrat entschied deshalb, dass ich lieber in einer preiswerteren Nebensaison zu Besuch kommen sollte. Und so stand ich an Weihnachten ohne Pläne und ohne Einladungen da, etwas, das ich bis dahin noch nie erlebt hatte.

Anfang Dezember begann ich, mich nach festlichen Aktivitäten in der Weihnachtszeit umzusehen. Unter anderem stieß ich dabei auf ein Angebot namens »Orphan's Christmas«, bei dem lokale Freundeskreise Menschen einladen, die nicht zu ihren Familien können. Ich hatte noch nie davon gehört, aber es war auf jeden Fall erfreulich, dass es so etwas gab, denn die Weihnachtszeit kann für Menschen, die von ihren Familien getrennt sind, eine einsame Zeit sein. Darüber hinaus gab es auch viele Weihnachtsmärkte und Late-Night-Shopping-Veranstaltungen mit Konzerten, Shows, guter Musik und leckerem Essen. Alles sicherlich gut gemeinte Angebote, die aber nicht zu mir passten.

Irgendwann sah ich dann in einem Schaufenster einen Aushang, auf dem nach freiwilligen Helfern für die städtischen Obdachlosenheime in der Weihnachtszeit gesucht wurde. Das schien mir eine sinnvolle Möglichkeit zu sein, einen Dienst am Nächsten zu leisten, und so meldete ich mich. Ich wählte drei Schichten in dem Obdachlosenheim aus, das meiner Wohnung am nächsten lag, und nahm danach an ein paar vorbereitenden Schulungen teil, damit ich wusste, was ich zu tun haben würde.

Mein erster Einsatz fand an Heiligabend statt. Ich weiß noch, wie seltsam es war, nicht bei meiner Familie zu sein, aber gleichzeitig war ich froh darüber, anderen helfen zu können. Im Laufe des Abends lernte ich viele wunderbare Menschen kennen, sowohl Freiwillige als auch Obdachlose. Alle waren einfach so dankbar, dass sie miteinander feiern, die Gesellschaft der anderen genießen, gemeinsam essen, lachen und endlos Geschichten erzählen konnten. Helfer und Gäste waren kaum zu unterscheiden, es war einfach ein Raum voller Leute, die Freude am Zusammensein hatten. Niemand interessierte sich dafür, welchen Beruf man ausübte, die meisten Gäste hatten ja sowieso keine Arbeit. Auch wie viel Geld man verdiente oder wo man wohnte, spielte bei den Gesprächen keine Rolle, denn das waren Themen, mit denen die meisten an dem Abend nichts anfangen konnten. Es war eine Erfahrung, die einen demütig werden ließ. An jenem Abend ging es einfach nur darum, echte menschliche Verbundenheit zu erleben, ohne zu bewerten, ohne Vorurteile.

Viele der Männer und Frauen, denen ich an jenem Abend begegnete, waren aufgrund persönlicher Nöte oder unglücklicher Lebensumstände in dem Heim: Einige versteckten sich vor einer missbräuchlichen Beziehung oder waren aus einem vom Krieg zerrütteten Land geflohen; andere hatten Probleme mit Drogen und Alkohol; und wieder andere waren einfach verloren und konnten nirgendwo anders hin. Trotz all dieser Schwierigkeiten verbrachten wir einen wunderschönen Abend miteinander. Alle waren einfach nur voller Freude. Ich fühlte mich so zugehörig, wie ich es kaum je zuvor erlebt hatte, geschätzt und bedingungslos akzeptiert. Und ich tat mein Bestes, um etwas zurückzugeben.

Wenn wir ehrlich sind, melden sich die meisten Menschen in erster Linie deshalb für ein Ehrenamt oder die Arbeit in einer Wohltätigkeitsorganisation, um ein Gefühl der Erfüllung zu erfahren: Wir möchten uns gut fühlen, indem wir etwas Sinnvolles tun und unsere Zeit opfern, um andere zu unterstützen. Dienste am Nächsten sind Geschenke, von denen alle etwas haben.

Der menschliche Geist kennt keine Hierarchien: Ohne unsere Bezeichnungen und Titel sind wir alle gleich. Wenn wir zusammenkommen, offen und bereit, Unterstützung zu geben und zu empfangen, dann ist das Ergebnis einfache, bedingungslose Liebe. Für das Zusammengehörigkeitsgefühl ist es wichtig zu wissen, dass man für das geschätzt wird, was man ist, nicht für das, was man tut.

Es ist jetzt fast zehn Jahre her, dass ich nach London gezogen bin, und seitdem bin ich jedes Weihnachten im Obdachlosenheim anzutreffen, ich kann es mir gar nicht mehr anders vorstellen. Diese Tage geben mir immer neue Kraft und relativieren so allerlei, was sich während des Jahres ereignet hat. Sie sind eine große Inspirationsquelle für mein eigenes Wohlbefinden ebenso wie für meine Lehrtätigkeit.

Liebe bedeutet nicht, Leidenschaft zu erfahren,
sondern Unterstützung zu bieten.

SCHRITT ACHT
DIE FEDER DER HOFFNUNG

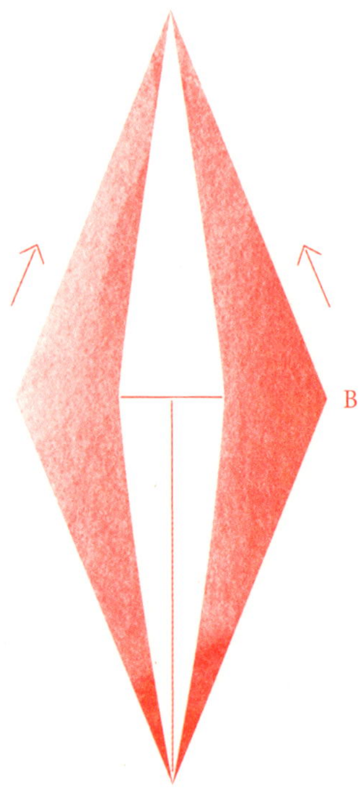

Vor Ihnen liegt nun hochkant eine längliche elegante Rautenform, die offene Spitze zeigt nach unten, das innere Dreieck nach oben. Falten Sie nun die äußeren Ecken der Raute zur mittleren Falz. Beginnen Sie mit der rechten Ecke (B). Die Kante unterhalb der Ecke verläuft danach parallel zur Mittellinie. Auch hier gilt wieder die goldene Regel: »zweimal messen, einmal falten«. Legen Sie beim Umfalten Entschlossenheit an den Tag.

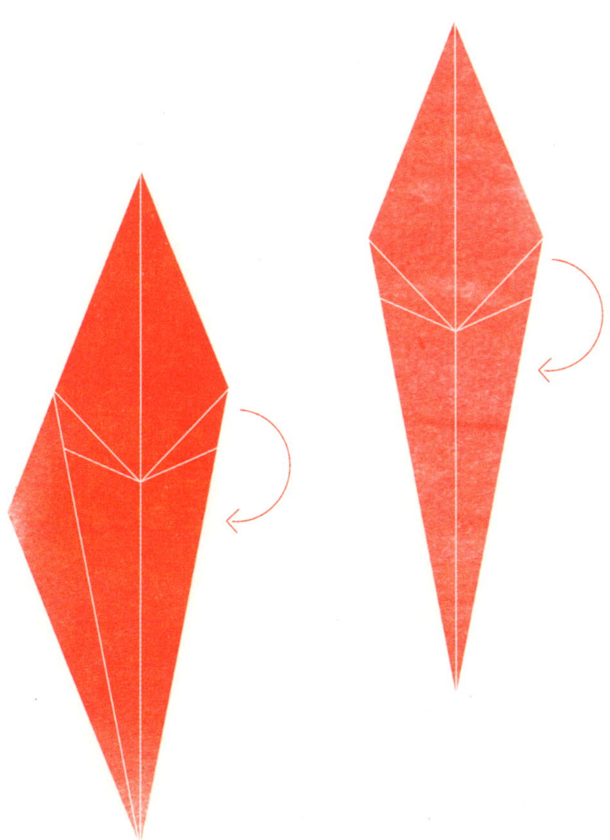

Wenn Sie mit dieser ersten Faltung zufrieden sind, falten Sie auch die linke Ecke und Außenkante nach innen zur Mittellinie. Damit ist die Vorderseite der Form fertig. Halten Sie inne, atmen Sie durch und fahren Sie fort, wenn Sie bereit sind. Drehen Sie Ihren Kranich um und führen Sie die gleichen Faltungen nun auf der Rückseite durch. Nehmen Sie sich Zeit und lassen Sie sich wieder von der Mittellinie leiten.

Sie sind bei der Feder der Hoffnung angelangt.

Glück ist einfach da. Es ist keine Sache, die es zu finden oder ein Ziel, das es zu erreichen gilt. Es ist schlichtweg das Gewahrsein, ganz im Augenblick zu leben, und die Freiheit, weise mit der Zeit umzugehen.

Glück kann man nicht anfassen oder festhalten. Es wohnt im Herzen und wird in der Seele gefühlt.

Im letzten Teil dieses Buches erkunden wir die Beschaffenheit des Glücks: Dankbarkeit, Wachstum, Einfachheit und Freude. Jede Komponente ist ein bedeutsamer Schritt auf dem Weg, ein schönes Leben zu führen.

FALTUNGEN DES GLÜCKS

GLÜCK

DEN AUGENBLICK FEIERN

FALTUNGEN DES GLÜCKS

DANKBARKEIT

LIEBE IST BEDINGUNGSLOS

Das Leben bietet uns das Geschenk, unsere Sichtweise frei zu wählen. Wir sollten uns entscheiden, die Welt mit Wertschätzung und Güte zu betrachten. Seien Sie bedingungslos in Ihrer Liebe und pflegen Sie sinngebende Verbindungen; schenken Sie Ihre Zeit den Dingen, die wichtig sind, und lernen Sie aus denen, die in der Vergangenheit Widerstand erzeugt haben – alle verdienen Ihre Dankbarkeit. Sie ist das Geschenk eines gütigen Geistes und eines liebenden Herzens.

Feiere das Leben, wie es sich in
jedem Moment offenbart, dann
wirst du dein Glück finden.

DER DANKBARE KRANICH

Es war einmal ein Mann, der lebte allein und verbrachte die Tage damit, seinen Bauernhof zu bewirtschaften. Eines Tages, als er auf den Feldern unterwegs war, fiel ein wunderschöner weißer Kranich vom Himmel und stürzte auf das Feld, auf dem der Mann gerade arbeitete. Er hatte Mitleid und näherte sich dem Tier. Dabei bemerkte er, dass der Vogel verletzt war, weil ein Pfeil einen seiner Flügel durchbohrt hatte. Der Mann entfernte den Pfeil und reinigte die Wunde. Nach einiger Zeit hatte sich der Kranich wieder erholt und flog davon. Vorher kreiste er aber noch dreimal am Himmel, als wollte er sich für die Freundlichkeit bedanken.

Am Abend klopfte unerwartet eine schöne Frau an der Haustür des Mannes. Sie sagte, sie würde gerne bei ihm wohnen, um mit ihm zusammen ein glückliches Leben zu führen. Der Mann war arm und antwortete ihr, dass er sie nicht gut ernähren könne und sie sich das Ganze deshalb vielleicht besser noch einmal überlegen solle. Darauf erwiderte sie, sie habe einen

Sack Reis, der ausreichend sei, um ihre beiden Mägen zu füllen. Und so begannen sie ihr gemeinsames Leben. Sie kochten jeden Tag Reis, aber der Sack schien niemals leer zu werden. Der Mann war einerseits erstaunt und andererseits sehr dankbar.

Eines Tages teilte die Frau dem Mann mit, dass sie sich ein paar Tage in ihr Zimmer zurückziehen würde, um etwas für ihn anzufertigen, und er das Zimmer während dieser Zeit nicht betreten dürfe. Der Mann wartete geduldig und schließlich, eine Woche später, kam die Frau mit einem wunderschönen, farbenfrohen Gewand heraus. Sie sah müde, geschwächt und sehr dünn aus. Der Mann, so sagte sie ihm, solle am nächsten Tag in die Stadt gehen und das Kleidungsstück zu einem guten Preis verkaufen. Er folgte ihrer Anweisung und kehrte abends mit mehr Geld nach Hause zurück, als er in seinem Leben jemals gehabt hatte. Er war nun ein wohlhabender Mann.

Am nächsten Morgen zog sie sich erneut in das Zimmer zurück und wieder wies sie den Mann an, nicht hineinzukommen. Aber diesmal konnte der Mann seine Neugierde nicht zügeln und wollte wissen, wie sie ohne Fäden ein solch schönes Gewand weben konnte. Er öffnete die Tür einen Spalt und spähte hinein. Groß war sein Erstaunen, als er anstatt der Frau einen Kranich erblickte, der sich seine Federn rupfte, um den Stoff anzufertigen.

Die Kranichfrau drehte sich um und erkannte, dass ihre wahre Identität entdeckt worden war. Sie sagte zu dem Mann: »Ich bin der Kranich, den du auf dem Feld gerettet hast. Ich bin zu dir gekommen, um mich für deine Liebe und Freundlichkeit erkenntlich zu zeigen. Aber jetzt, da du weißt, wer ich wirklich bin, kann ich nicht mehr bleiben.« Und sie flog davon und kehrte nie wieder zurück.

Dies ist die japanische Volkserzählung *Tsuru no Ongaeshi* (»Der dankbare Kranich«), eine Geschichte über Dankbarkeit, Aufopferung und Unterstützung. Was ich an dieser Geschichte am schönsten finde, ist die Liebe und Selbstlosigkeit, die der Kranich dem Mann aus tiefem Dank zeigte.

Er unterstützte seinen Lebensretter und opferte sein Wohlergehen dafür. Der Kranich wollte keine Anerkennung für seine Taten, er wollte dem Mann nur helfen und die Liebe erwidern, die ihm entgegengebracht worden war.

Was den Mann betrifft, so lehrt uns die Erzählung, dass wir für das, was uns angeboten wird, dankbar sein sollten. Hätte er seine Neugier oder seinen Argwohn besser im Griff gehabt, hätte er die Liebe seiner Frau nicht verloren. Wenn uns Freundlichkeit entgegengebracht wird, ist der beste Akt der Dankbarkeit das Annehmen eines solchen Geschenks. Vor allem bei Menschen, die Ihnen nahestehen, sollten Sie darauf vertrauen, dass ihre Zuneigung aufrichtig ist, und einfach voller Dank für die Liebe sein, die Ihnen zuteilwird.

Liebe ist ein Geschenk,
das nicht belohnt
werden muss.

DIE PERSPEKTIVE ÄNDERT ALLES

Als ich ein kleiner Junge war, erlitt ich einmal im Haus eines Nachbarn einen Asthmaanfall. Die Nachbarn hatten sich gerade eine Katze zugelegt, von der ich noch nichts wusste. Ich war damals auf einiges allergisch – Tierhaare, Hausstaubmilben, Federkissen, bestimmte Gräser und vieles mehr –, und wenn ich mich auch nur einen Moment in der Nähe solcher Dinge aufhielt, löste das eine Allergie bei mir aus, die unweigerlich zu einem Asthmaanfall führte. Auf Anweisung meiner Mutter war ich deshalb eigentlich immer sehr vorsichtig, aber in diesem Fall hatte ich eben überhaupt nicht mit dem Vorhandensein einer Katze gerechnet.

Ohne die Katze gesehen zu haben – vielleicht war sie in einem anderen Zimmer oder hielt ein Nickerchen in der Sonne –, spürte ich ihre Anwesenheit unmittelbar, und meine Asthmaattacke eskalierte rasch. Es gibt ja in der Regel ein kleines Zeitfenster zwischen dem Beginn des Anfalls und dem Zeitpunkt, an dem er richtig ernst wird. Jede Freude in meinem

Körper verwandelte sich alsbald in Angst, aus Lachen wurde Keuchen, aus Keuchen wurde Luftschnappen. Ich versuchte, meinen Asthma-Inhalator zu benutzen, ohne den ich nie aus dem Haus ging, was jedoch nicht viel half. Allergien allein sind ja schon schlimm genug, aber in Kombination mit Asthma können sie richtig gefährlich sein. Wenn Sie selbst schon einmal einen Asthmaanfall durchgemacht haben oder in der Nähe eines Menschen mit so einem Anfall waren, wissen Sie, dass es eine beängstigende Situation ist. Man hat das Gefühl, dass einem das Leben aus dem Körper gesogen wird, während man darum kämpft, nicht zu ersticken. Ich wünsche diese Erfahrung niemandem.

Die Nachbarn riefen schnell meine Mutter herbei, und sie trug mich nach Hause. Ich war in Tränen aufgelöst und rang gleichzeitig um jeden Atemzug. Ich hatte solche Anfälle schon früher ab und zu gehabt und lebte in Angst vor diesen traumatischen Momenten.

Mitte der Achtzigerjahre wurde man bei einem Asthmaanfall an ein schuhkartongroßes Inhalationsgerät angeschlossen, an dem ein Sauerstoffschlauch befestigt war. Am anderen Ende mündete der Schlauch in etwas, das ich nur als eine Plastikkapsel beschreiben kann, in der sich das Medikament befand. Man hielt das Mundstück in den Mund, atmete mit langsamen, tiefen Atemzügen hindurch, und mit der Zeit normalisierte sich der Atem wieder. An jenem Tag saß meine Mutter die ganze Zeit bei mir und streichelte mir sanft den Rücken. »Atme einfach«, sagte sie immer wieder. »Einfach atmen.« Es dauerte zwanzig bis dreißig Minuten, bis ich mich erholt hatte, eine Ewigkeit, wenn sich jeder Atemzug wie der letzte anfühlt.

Der Arzt sagte mir in jenen Jahren immer, ich solle es langsam angehen, vorsichtig sein und mich nicht überanstrengen. Sport und Erschöpfung waren weitere potenzielle Auslöser für mein Asthma, und so verlief mein Leben als Heranwachsender eher in einem bedächtigen Tempo. Alle meine Freunde konnten herumrennen und Spaß haben, nur ich durfte meistens nicht mitmachen, was mir wie eine Strafe vorkam. Wegen meines Asthmas verpasste ich viele Aktivitäten und Veranstaltungen; Besuche bei Freunden oder Ausflüge mussten immer »asthmagerecht« sein. Ich hatte ständig das

Gefühl, dass meine Kindheit wegen der Krankheit nur halb so schön war wie die der anderen.

Aber mit dem Älterwerden bin ich weiser geworden und kann meine Kindheit nun aus einer positiveren Perspektive betrachten. Durch mein Asthma lernte ich schon früh, Ruhe in mein Leben zu bringen. Von klein auf machte ich es mir zu eigen, zu viele Außenreize und Aufregungen zu vermeiden und mich aus Situationen zurückzuziehen, die meiner geistigen Gesundheit und meinem körperlichen Wohlbefinden nicht zuträglich waren. Aufgrund meines Asthmas weiß ich um den Wert eines gleichmäßigen und entspannten Atems. Wenn sich die Welt um mich herum hektisch und unbehaglich anfühlt oder ich merke, wie mich etwas aufregt, ziehe ich mich immer schnell aus der jeweiligen Situation zurück, damit ich zur Ruhe kommen kann. Vor allem habe ich erkannt, dass die Art und Weise, wie ich aufwuchs, zu meiner Sanftmut führten. Die Zeit und die Perspektive verändern unsere Sicht der Dinge, und dafür bin ich dankbar.

Kummer wird dich daran erinnern,
was du verloren hast, Dankbarkeit
wird dir zeigen, was du gelernt hast.

EIN GESCHENK KANN VIELE FORMEN ANNEHMEN

Ich habe immer ein Skizzenbuch in der Schublade, damit ich es zur Hand nehmen kann, wenn sich meine Fantasie regt oder meine Augen etwas Schönes entdecken, das ich festhalten möchte. Dann setze ich mich ruhig hin und lasse den Zeichenstift den Linien meiner Inspiration folgen. Früher träumte ich davon, einmal ein großer Künstler zu sein, aber meine Hände hatten andere Pläne. Und so stimmen das, was ich sehe, und das, was ich zeichne, vielfach nicht überein, manchmal ist das Ergebnis ziemlich unproportional, und ich lache dann über meine fehlenden künstlerischen Fähigkeiten. Ich zeichne nicht, um etwas Schönes zu schaffen, sondern um die Schönheit zu spüren, die es in mir auslöst.

Als ich mit dem Zeichnen anfing, fertigte ich meine Skizzen immer rasch an, um den Funken der Inspiration nicht zu verlieren. Meine Aufmerksamkeitsspanne war kurz und meine Hände schnell, aber auf diese Weise empfand ich keine richtige Freude. Was ich geschaffen hatte, war nie ein wirkliches Abbild der Realität, und mit der Zeit erstickten meine Erwartungen meine Empfindungen, und ich gab bald wieder auf, weil mir das Zeichnen keinen Spaß mehr machte. Erst mit der Zeit wurde mir klar, dass es bei Kunst nicht um Ergebnisse geht (was im Übrigen auch für das Leben im Allgemeinen gelten sollte). Zu dieser Sichtweise zu gelangen, hat bei mir allerdings etwas gedauert. Wir müssen dankbar sein für die Freude, die uns die künstlerische Betätigung bringt, und die Ruhe, die sie schafft, aber das passiert oftmals nur, indem wir entschleunigen und uns von unseren Vorstellungen lösen. Kunst ist per definitionem subjektiv, und jeder Einzelne ist auf seine Weise kreativ. Wenn man sich jedoch Zeit nimmt und sein Ego nicht überstrapaziert, wird man ungemein befriedigende Erfahrungen machen.

Wir neigen im Leben ja leider oft dazu, das zu bemängeln, was wir nicht können, und unseren Fokus auf Defizite statt auf Glücksmomente zu richten. Meinen Händen mag fürwahr das Feingefühl fehlen, um schöne Linien und Schatten zu zeichnen, aber das ändert nichts an dem Frieden, den ich erfahre, wenn ich mich mit meinem Skizzenbuch hinsetze und mir die Muße nehme, für alles dankbar zu sein, was dabei entsteht.

Wenn du nichts findest,
wofür du dankbar sein kannst,
bist du zu schnell unterwegs.

SCHRITT NEUN
DIE STÄBCHENFALTUNG

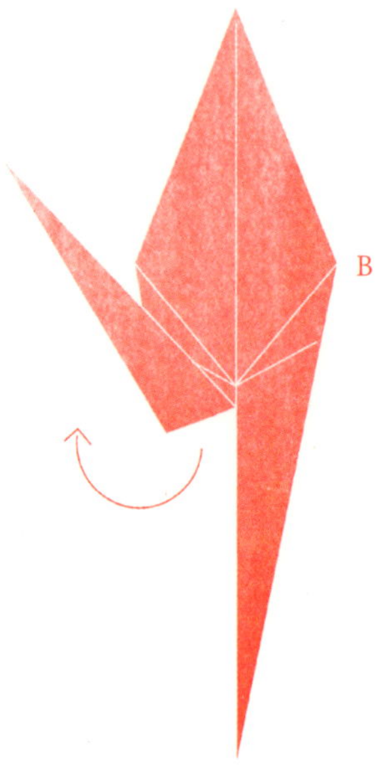

Wie eine Raupe, die aus ihrem Kokon schlüpft, können wir bei diesem Schritt ein Gefühl der wahren Transformation verspüren. Wir sehen, wie unser Kranich allmählich zum Leben erwacht. Oft wissen wir die Anstrengungen des Winters erst zu schätzen, wenn die Knospen des Frühlings erblühen. Beginnen Sie mit der Stäbchenfaltung, indem Sie den Kranich unten mit der linken Hand festhalten. Drücken Sie dann Daumen und Zeigefinger der rechten Hand an der Ecke der Raute (B) zusammen und führen Sie sie langsam an der langen Kante darunter entlang. Gehen Sie dabei behutsam vor, und Sie werden spüren, wo das Papier von drei auf zwei Schichten übergeht, etwa nach einem Drittel der Kante. Wenn Sie diese Stelle spüren, halten Sie an und drücken Sie sie fest.

Drehen Sie nun die Finger um, sodass Ihr Daumen auf der Unterseite des Papiers liegt und Ihr Zeigefinger auf der Oberseite. Falten Sie das erste der beiden »Stäbchen« (die unteren schmalen Spitzen) mit einem leichten Falz diagonal nach oben. Diese Faltung bietet bei dem Papierkranich den größten künstlerischen und kreativen Spielraum, und Sie haben die Freiheit, den Winkel des Falzes zu bestimmen. Nach dieser ersten Faltung drehen Sie Ihren Papierkranich um und wiederholen den Schritt mit dem zweiten Stäbchen auf der anderen Seite. Dies sind die Falze, von denen man oft sagt, dass sie die Persönlichkeit des Kranichs ausmachen. Je größer der Winkel, desto tiefer wird sich Ihr Kranich beugen; je enger der Winkel, desto inspirierter wird er stehen.

FALTUNGEN DES GLÜCKS

WACHSTUM

DIE ERKENNTNISSE DES WANDELS

Die Welt verändert sich ständig; nur sehr wenig bleibt konstant, und so müssen wir uns immer wieder aufs Neue an die Wellen des Wandels anpassen. Wenn der Wandel radikal ist und keine Rücksicht auf den von uns eingeschlagenen Weg nimmt, kann es schwerfallen, ihn zu akzeptieren. Doch auch wenn sich der Rhythmus der Veränderung unserer Kontrolle entzieht, entscheiden wir darüber, wie wir darauf reagieren. Das Schöne an der sich wandelnden Welt ist, dass sie unvermeidlich ist. Jeden Moment, der sich vor uns entfaltet, sollten wir nutzen, um uns weiterzuentwickeln und zu wachsen.

NACH MITTERNACHT PASSIERT NICHTS GUTES

Als Kinder bekommen wir von unseren Eltern viele Regeln auferlegt, deren Sinn wir in diesem Alter noch nicht wirklich verstehen. Mein Vater war ein strenger, aber fairer Mann, und innerhalb unserer vier Wände gab es bestimmte Richtlinien, die einzuhalten waren. Im Teenageralter rebellierte ich natürlich dagegen, weil ich mich in meiner Freiheit eingeschränkt fühlte. Für das Ego eines Heranwachsenden ergaben diese Vorschriften einfach keinen Sinn.

Vor allem eine Regel sorgte immer wieder für Streit zwischen meinem Vater und mir, nämlich das Ausgehverbot nach Mitternacht. Für ihn war es ganz einfach: Egal ob während der Woche oder am Wochenende, um null Uhr mussten alle zu Hause sein, Punktum. Es spielte keine Rolle, ob man bei jemandem für eine Prüfung lernte oder sonst mit Freunden unterwegs war – wenn man es nicht vor Mitternacht nach Hause schaffte, gab es eine Standpauke und außerdem am nächsten Tag zusätzliche Hausarbeit zu verrichten.

Mein Vater war kein Pfarrer, aber er konnte eine Strafpredigt halten, als wäre dies seine göttliche Pflicht, und jedes Mal, wenn ich oder eines meiner Geschwister zu spät nach Hause zurückkehrte, wussten wir, dass wir etwas zu hören bekommen würden. Er sagte immer: »Nach Mitternacht passiert nichts Gutes« – eine Botschaft, die mich mein ganzes Leben lang begleitet hat und die ich ihn öfter sagen hörte, als ich zählen oder mich erinnern kann. Glücklicherweise kam mein älterer Bruder Andrew oft noch später nach Hause als ich und war damit der größere Übeltäter. Wenn ich nach Mitternacht, jedoch noch vor Andrew, das Haus betrat, musste ich im Wohnzimmer sitzen und auf seine Ankunft warten, damit mein Vater nicht zweimal seine Stimme anstrengen musste.

Heute blicke ich in liebevoller Erinnerung auf diese frühen Jahre und die Lektionen zurück, die ich auf meinem Weg gelernt habe. Mein Vater, bei dem sich inzwischen eine gewisse Altersmilde eingestellt hat, und ich, der ich inzwischen ein weit weniger respektloser Quertreiber bin, lachen oft über die Zeiten, in denen er mich mit seinen nächtlichen Belehrungen maßregelte. Vor ein paar Jahren fragte ich ihn, warum er besonders bei dieser einen Regel so streng gewesen war. Er lachte, und bevor er antwortete, bat er mich um meine Meinung, was ich jetzt, als Erwachsener, darüber dachte.

Ich hatte seine Ansicht bereits verinnerlicht und antwortete, er habe schon recht, dass es im jugendlichen Alter normalerweise nichts als Ärger bedeutet, spät nachts unterwegs zu sein. Mein Vater fügte dann noch dazu, dass man als Teenager nach Mitternacht sowieso nur sehr wenig unternehmen kann; man ist zu jung, um in eine Bar oder einen Nachtclub zu gehen, man hat bereits zu Abend gegessen, Kinos und andere Treffpunkte wie die Bowlingbahn oder die Spielhallen schließen um Mitternacht. Mit anderen Worten: Es gab damals gar keinen Ort für uns, an dem wir uns so spät vernünftig hätten aufhalten können. Als Siebzehnjähriger hätte ich sicher etwas anderes behauptet, aber das ist das Geschenk der Zeit: Bestimmte Meinungen, die ich damals hatte, sind inzwischen nur noch unscharfe Erinnerungen.

Du kannst deine Träume nicht verwirklichen,
wenn du nicht gut ausgeruht bist.

Mein Vater sagte: »Jede Minute nach Mitternacht bedeutete eine Minute weniger Schlaf für dich. Und wenn du spät nach Hause kamst, hast du nicht deinen Tag verlängert, sondern deine Erholung geopfert.«

Als junger Mensch sieht man die Schlafdauer oft als verhandelbar und als nicht so wichtig an. Wir amüsieren uns ausgelassen mit Freunden und lassen uns dann schnell dazu verleiten, länger aufzubleiben oder gar die Nacht durchzumachen, um den folgenden Tag mit Unmengen von Kaffee irgendwie zu überstehen. Wenn wir uns dafür entscheiden, spät nachts noch auf zu sein, hat das einen Dominoeffekt, der sich negativ auf unsere Fähigkeit auswirkt, am nächsten Tag präsent und aufmerksam zu sein. Deshalb müssen wir lernen, auf unsere Ruhezeiten zu achten und unser Wohlbefinden nachhaltig über die Verlockungen einer einzigen Nacht zu stellen, egal wie lustig es irgendwo gerade auch sein mag.

Um ein gesundes Leben führen zu können, müssen wir lernen, uns zu erholen. Indem wir auf unsere Erholung achten, laden wir unsere Akkus wieder auf und können fokussiert und aktiv den Tag in Angriff nehmen. Im ausgeruhten Zustand sind wir zu allem in der Lage, was wir tun möchten; jeder Augenblick gehört uns.

Vielleicht denken Sie jetzt: »Es ist mir aber nicht möglich, um Mitternacht zu Hause und im Bett zu sein, mein Leben hat einen anderen Rhythmus.« Möglicherweise müssen Sie in Ihrer Arbeit Nachtschichten einlegen oder haben ein neugeborenes Baby (oder einen kleinen Welpen namens Gus, so wie ich), das Sie nachts wachhält. Und das ist ja auch in Ordnung, Sie müssen dann nicht unzufrieden sein. Tun Sie einfach Ihr Bestes – wenn Sie später ins Bett gehen, dann schlafen Sie länger; wenn Sie nicht vor Mitternacht zu Hause sein können, dann seien Sie einfach achtsam, wie Sie Ihren Tag beenden. Scheuen Sie sich nicht, die Menschen in Ihrem Leben um Unterstützung zu bitten, dass Sie ausreichend Erholung bekommen. Es ist wichtig, dass Sie die Ruhephasen in Ihrem Leben wichtig nehmen und sicherstellen, dass sie nicht verhandelbar sind und nicht den anderen Aktivitäten in Ihrem Leben untergeordnet werden.

Heute empfinde ich eine gute Nachtruhe als etwas sehr Beglückendes – je älter ich werde, desto mehr. Ich wünsche auch Ihnen, dass Sie immer ausreichend Schlaf genießen können. Im Leben gibt es kaum etwas Wichtigeres als einen ausgeruhten Geist.

Stille ist die bewusste Abkehr
von Ablenkungen.

WAS AUS SCHWÄCHEN ENTSTEHEN KANN

Wie oft verbringen Sie Zeit mit den Dingen, in denen Sie nicht so gut sind? Wie oft widmen Sie Ihre Aufmerksamkeit den Aspekten Ihres Lebens, die Ihnen besonders viel Energie abverlangen? Hier geht es darum, sich auf das auszurichten, was man nicht gut kann, und das scheint zunächst dem Fortschritt im Leben zuwiderzulaufen. Wenn wir aufwachsen, wird uns beigebracht, uns auf das zu konzentrieren, bei dem wir etwas Besonderes leisten können; wir entwickeln unsere Fähigkeiten weiter und zeigen der Welt, was wir ihr zu bieten haben. Wenn Sie gut schreiben können, werden Sie Autor; wenn Sie sich im Sport hervortun, treten Sie bei Wettkämpfen an; wenn Sie sich für Kochen interessieren, entwickeln Sie den Ehrgeiz, irgendwann Chefkoch zu werden. Im Leben geht es vielfach nur darum, in dem noch besser zu werden, was wir bereits gut beherrschen.

Und so kultivieren wir unser ganzes Leben lang unsere Fertigkeiten und Kompetenzen, weil sie uns ein starkes Gefühl von Identität und Sinnhaftigkeit vermitteln und uns einen Platz in der Gesellschaft verschaffen. Wir pflegen sie auch, damit wir von den Menschen um uns herum wertgeschätzt werden und einen Beitrag für die Allgemeinheit leisten können. Wir werden für unsere speziellen Fähigkeiten und unsere Produktivität gelobt. Aber wie oft werfen wir einen Blick in die andere Richtung? Weg von dem, worin wir brillieren, hin zu dem, was uns herausfordert?

Es gibt so viel zu entdecken, wenn wir uns die Entwicklungsmöglichkeiten in Bereichen bewusst machen, die mit unseren schon vorhandenen Stärken nicht viel zu tun haben. Indem wir uns von unseren Gewohnheiten abwenden und unsere Aufmerksamkeit und Überlegungen auf das richten, was neu oder anders ist, fördern wir unser Gleichgewicht und machen uns vermeintliche Schwächen bewusst. Vielleicht haben Sie in jüngeren Jahren gemerkt, dass Sie gut in Mathematik sind, und Ihr Leben wurde auf einen logischen und analytischen Weg gelenkt. Kreativität und eine künstlerische Ader führen auf einen bunteren Weg. Ihre Fähigkeiten werden unweigerlich zu Ihrer Identität. Wenn Sie also analytisch sind, halten Sie sich vielleicht nicht für kreativ; wenn Sie kunstbegabt sind, glauben Sie womöglich, nicht gut logisch denken zu können. Was aber, wenn diese Qualitäten durchaus in Ihnen stecken und lediglich nicht gefördert wurden? Indem wir uns dafür entscheiden, das Entgegengesetzte zu kultivieren und uns von dem zu lösen, womit wir schon vertraut sind, wählen wir einen Weg, um das Gleichgewicht eines runden und erfüllten Lebens zu finden.

Damit wir wachsen können, müssen wir uns auch auf das einlassen, womit wir noch nicht so vertraut sind. Je mehr wir dies tun, und sei es nur ab und zu, desto weniger schwierig werden die Herausforderungen in unserem Leben mit der Zeit sein. Unsere Fähigkeiten und Kompetenzen werden zunehmen. Wir müssen auch unseren Schwächen einen Platz im Leben einräumen, denn sie lehren uns, wie wir zu einer ausgeglichenen Daseinsweise finden können.

Entwicklung
findet nur statt,
wenn Sie ihr
die Erlaubnis
erteilen.

HEGEN UND PFLEGEN

Ich habe das Glück, ein Haus mit Garten zu besitzen. Er ist nicht groß, aber üppig, und er erwacht jedes Frühjahr wieder zu neuem Leben, vor allem wenn es oft regnet. Dann sprießen Pflanzen, Blumen, Beikräuter und mehr, dass es eine wahre Pracht ist.

Jeden Morgen sehe ich beim Blick aus dem Fenster einen wunderschönen blühenden Dschungel. Wenn man den Garten allerdings vernachlässigt, verwildert er schnell, alles ist dann überwuchert und macht es fast unmöglich, darin herumzulaufen und den Platz zu genießen. Wie bei den meisten heimischen Grünflächen müssen die Bäume beschnitten und das Unkraut entfernt werden.

Einmal war unser Garten so überwachsen, dass wir nicht einmal mehr die Büsche von den Bäumen unterscheiden konnten. Er sah aus wie eine grüne Wildnis. Der Gärtner, der normalerweise wöchentlich kam, hatte aus verschiedenen Gründen einige Monate lang nicht für uns arbeiten können. Als er dann eines Tages wieder erschien, hatten wir uns unbewusst bereits an das neue Aussehen des Gartens gewöhnt.

Es war eigentlich offensichtlich, dass der Garten zurückgeschnitten werden musste; er war schon so verwildert, dass zwei Füchse aus der Umgebung ihn als Unterschlupf nutzten, weil sie sich in dem hohen Gras und Gestrüpp geschützt und ungestört fühlten. Unser Hausgarten hatte sich von einem nutzbaren Garten in einen Urwald verwandelt. Doch überraschenderweise erschien uns der Gedanke an eine erneute Veränderung beunruhigend; wir hatten uns so sehr an den jetzigen Zustand gewöhnt, dass wir einen Moment lang unsicher waren, ob wir den Gärtner wirklich seine Arbeit verrichten lassen sollten. Er erklärte uns dann, dass es unbedingt notwendig sei, das Gestrüpp zurückzuschneiden; es sei nicht gut für die Bäume und die Wiese, wenn wir alles ungepflegt wachsen ließen, und mit der Zeit würde dies auch die umliegenden Flächen in Mitleidenschaft ziehen.

Zögerlich stimmten wir zu, und im Laufe des Nachmittags verwandelte sich das Terrain allmählich wieder in eine Gartennutzfläche zum Genießen. Wir hatten vergessen gehabt, wie wunderschön einige der kleineren Bäume waren, denn sie waren zwischenzeitlich von größeren überwuchert worden. Die Kirschblüten- und Pflaumenbäume hatten wir schon seit vielen Monaten nicht mehr gesehen, und zu unserem Glück blühten sie nun gerade. Als alles erledigt war, waren wir sehr dankbar; wir hatten unseren Garten zurück und freuten uns darauf, wieder auf dem Rasen zu sitzen und in der Sonne zu lesen. Sogar die Füchse kehrten danach von Zeit zu Zeit wieder, um sich in das frisch gemähte Gras zu legen. Ich nehme an, dass auch sie die Arbeit des Gärtners zu schätzen wussten.

Als dieser im darauffolgenden Monat zurückkam, um nach dem Rechten zu sehen, fragte er: »Vermissen Sie den Dschungel?«, und ich wusste zunächst gar nicht, was ich sagen sollte – ich hatte das Bild des überwucherten Gartens schon wieder völlig verdrängt. »Nicht die Spur«, antwortete ich dann und lächelte. »Ich habe viele Nickerchen im Freien genossen, seit

Sie das letzte Mal hier waren.« Mit einem Schmunzeln im Gesicht machte er sich wieder an die Arbeit.

Ich nehme an, die Lektion von dem allen ist, dass wir als Menschen die Vergangenheit schnell vergessen können, wenn die Gegenwart bereichernder ist. Was letzte Woche oder vielleicht letzten Monat passiert ist, ist dann nur noch eine banale Erinnerung, die wir sehr gerne durch das Jetzt und das Neue ersetzen.

Aber es gibt auch Zeiten in unserem Leben, in denen das Gegenteil der Fall ist, wenn uns eine Trennung, eine Verletzung oder eine Krankheit zu schaffen macht. Wir hängen dann an der Vergangenheit und sind nicht in der Lage, an der neuen Situation oder den neuen Umständen etwas positiv zu finden. Solche Veränderungen sind oft keine freiwilligen Entscheidungen, aber die Lektion ist immer noch dieselbe. In Zeiten großer Veränderungen – oder selbst nur bei einer Auslichtungsaktion im Garten – hat es keinen Sinn, gedanklich bei dem zu verweilen, was wir verloren haben, denn das ist für unser gegenwärtiges Leben nicht von Vorteil. Wir sollten vielmehr das hegen und pflegen, was da ist, und uns weiterentwickeln.

Wir rupfen das Unkraut nicht aus,
um es zu vermissen, wenn es weg ist.

SCHRITT ZEHN
DIE KRONENFALTUNG

Wir sind jetzt kurz vor dem Ende, und alles, was bleibt, sind noch kleinere Faltungen. Dies ist der Schritt, bei dem die große Wahrheit transformiert wird und unser Kranich beginnt, Form anzunehmen: die Kronenfaltung. Halten Sie eine Seite des Kranichs mit Daumen und Zeigefinger fest; mit dem anderen Daumen und Zeigefinger klappen Sie das Stäbchenbein wieder in eine gerade Position und versuchen nun, die beiden Lagen des Oberteils – die späteren Flügel des Kranichs – sanft zu spreizen. Gehen Sie dabei sehr vorsichtig vor. Der Raum zwischen den Lagen muss Platz für den Hals und die Schwanzfeder des Kranichs bieten.

Als Nächstes platzieren Sie den rechten Daumen in den Zwischenraum. Den Zeigefinger platzieren Sie hinter dem oberen Teil des rechten »Beins« (Stäbchens). Schieben Sie den Daumen vorsichtig nach unten, bis sich die Finger auf den gegenüberliegenden Seiten des Beins treffen. Benutzen Sie den Daumen als Anker und falten Sie das Bein seitlich nach außen und oben, an der Vorfaltung aus Schritt 9, zwischen die oberen Flügel. Dies wird oft als Umkehrfaltung bezeichnet. Wenn der Hals beginnt, Form anzunehmen, klappen Sie die Flügel wieder zusammen. Fahren Sie mit den Fingern an beiden Seiten des Kranichhalses entlang, von der Basis bis zur Krone. Die Dinge nehmen langsam Form an. Wenn Sie bereit sind, fahren Sie nun mit dem zweiten Bein fort und gehen Sie wieder wie oben beschrieben vor. Dies ist die Faltung, die zur Schwanzfeder des Kranichs wird. Nach Fertigstellung haben Sie die gefaltete Krone vor sich liegen, zu Ehren des Tancho, des japanischen Rotkronenkranichs, von dem man sagt, dass er die Inspiration für alle gefalteten Papierkraniche ist.

FALTUNGEN DES GLÜCKS

EINFACHHEIT

ABLENKUNGEN VERMEIDEN

Menschen neigen dazu, alles zunehmend komplizierter zu machen, immer nach mehr zu streben, nie erfüllt zu sein, immer etwas zu brauchen. Wir sind Meister darin geworden, der Quantität des Lebens gerecht zu werden, und glauben, dass wir weniger leben, wenn wir nicht mehr tun. Aber das ist nicht der richtige Weg; ein erfülltes Leben definiert sich durch Qualität, nicht durch Quantität. Wir müssen uns von den Verlockungen einer hektischen Welt abwenden und uns von den Erwartungen des Egos distanzieren. Einfachheit ist eine Entwicklungsstufe, die wir mit der Zeit erreichen, sie ist die Kunst, unnötige Ablenkungen zu vermeiden und zu erkennen, dass weniger mehr ist.

MIT DER ZEIT WIRD ALLES RUHIGER

Ich habe noch nie gerne allzu viele Worte gemacht und versuche nach Möglichkeit, mich nur zu äußern, wenn ich angesprochen werde. Auch beim Unterrichten rede ich nur so viel, wie unbedingt nötig. Vielleicht ist das der Grund, warum mich die Meditation so fasziniert – nicht, weil ich einer anregenden Unterhaltung prinzipiell abgeneigt bin, sondern weil ich glaube, dass Worte vielfach gar nicht nötig sind, auch wenn sie immer erwartet werden. Viele Menschen können den Klang des Schweigens nicht ertragen; sie empfinden Schweigen als ohrenbetäubend und versuchen deshalb, den leeren Raum mit leeren Worten zu füllen.

Ich habe einige Zeit damit verbracht, Menschen in solchen Situationen zu beobachten. Dabei sind mir die folgenden Gründe aufgefallen, warum Menschen mit dem Klang der Stille nicht gut zurechtkommen:

Der erste Grund ist, dass Menschen von anderen gemocht und geschätzt werden wollen, und in Momenten des Schweigens könnten wir falsch verstanden oder falsch interpretiert werden, wodurch eine Distanz zu den anderen entstehen könnte. Also benutzen wir unsere Worte, um mitzuteilen, wie wir die Welt sehen und wie wir gesehen werden wollen. Der Mensch ist von Natur aus prahlerisch. Wir kommunizieren unsere Leistungen und Erfolge und versuchen dadurch, anderen Menschen unseren Wert zu beweisen. Je mehr wir sprechen, desto mehr können wir unsere Identität so gestalten, dass sie zu unserer vorgegebenen Realität passt.

Der zweite Grund ist, dass wir Angst vor dem Alleinsein haben. Viele Menschen können die Vorstellung nicht ertragen, allein zu sein, ohne die Gesellschaft anderer. Schweigen kann als eisig empfunden werden und ein Gefühl der Einsamkeit hervorrufen, während Worte und ein lebhafter Austausch uns eine Verbindung spüren lassen. Ich habe beobachtet, dass manche Menschen Gespräche weit über das Notwendige hinaus in die Länge ziehen, um die Verbindung aufrechtzuerhalten und das Gefühl der Einsamkeit zu mindern.

Und drittens ist es uns in Übereinstimmung mit dem heutigen Zeitgeist vielfach unangenehm, einfach in einem Zustand des Nichtstuns zu verweilen. Wir sind Opfer ewiger Ablenkungen, unfähig, Momente ohne Gespräche oder andere Interaktionen zu schätzen. Wenn wir uns mit jemandem unterhalten, befinden wir uns in einem ständigen Austausch von Reizen. Erst wenn wir still sind und keine Worte wechseln, bleibt uns das, was übrig bleibt: Glückseligkeit.

NUR DAS NOTWENDIGE MITNEHMEN

Während meiner Kindheit in Los Angeles verbrachte meine Familie die Sommerferien und vielfach noch andere Ferien bei den Großeltern und weiteren Verwandten in Neuseeland, woher unsere Familie stammt. Da wir so weit weg von den Angehörigen wohnten und sie sonst selten sahen, spielten diese Ferienaufenthalte eine wichtige Rolle. Aufgrund der Gepäckbeschränkungen bei den Flügen durfte jeder von uns nur eine Tasche mit auf die Reise nehmen. Alles, was wir einpacken wollten, musste in einen einzigen Koffer passen.

Als ich etwa neun oder zehn Jahre alt war, hatte ich ein Skateboard zum Geburtstag bekommen, und beschloss, bei der nächsten Reise meinen Cousins und Cousinen das Skateboard und meine neuen Fähigkeiten vorzuführen. Ich war sehr stolz, und es machte mir Spaß, durch die Straßen und auf den Gehwegen zu fahren und mich zwischen Mülleimern und parkenden Autos hindurchzuschlängeln. Nun gab es in meiner Familie bezüglich Gepäck nur eine Regel: Packe keine Tasche, die du nicht tragen kannst. Wir durften mitnehmen, was wir wollten, das aber mussten wir während der gesamten Reise alleine tragen. Mein Vater legte großen Wert darauf, dass jeder alleine damit klarkommen musste. Da gab es kein Mitleid.

Vor der Reise in jenem Jahr versuchte meine Mutter mehrmals, mich davon zu überzeugen, dass es keine gute Idee sei, das Skateboard einzupacken, da es mir am Ende mehr Probleme als Freude bereiten würde. Ich war natürlich anderer Meinung und verstaute es trotzdem in meiner Tasche. Als wir das Auto beluden und zum Flughafen fuhren, war mein Schicksal besiegelt, und ich musste ab jetzt zusehen, wie ich alleine mit meinem Gepäck zurechtkam.

Während des Aufenthalts in Neuseeland, bei dem wir all unsere Verwandten in verschiedenen Städten besuchten und dadurch auch viel unterwegs waren, konnte ich mein Skateboard vielleicht ein- oder zweimal vorführen. Ich versuchte während der Reise immer wieder, das Opfer zu spielen und meine Eltern zu bitten, mein Gepäck für mich zu tragen, aber sie lehnten jeweils liebevoll ab und erinnerten mich an die von mir selbst getroffene Entscheidung. Diese Reise war eine Lektion fürs Leben für mich. Ich jammerte jedes Mal, wenn wir packten und zum nächsten Ort weiterzogen, und immer wurde ich dann von meinem grinsenden großen Bruder an die goldene Regel erinnert, keine Tasche zu packen, die man nicht selbst schultern kann. Einmal fragte mich mein Vater, ob ich das Skateboard nicht lieber loswerden und es einem meiner Cousins schenken wolle. Er sagte, wenn ich es zurücklassen würde, wäre das sicher eine große Erleichterung für mich. Ich aber blieb stur und nahm lieber grollend weiter die Unannehmlichkeiten in Kauf. Als wir schließlich wieder in Los Angeles ankamen, war ich froh, die Reise hinter mir zu haben.

Ich hoffe, diese Geschichte hat Sie ein wenig zum Schmunzeln gebracht. Ich jedenfalls lächle im Rückblick immer noch still in mich hinein. Hätte ich damals schon gewusst, was ich heute weiß, hätte ich natürlich anders gehandelt. Aber auch wenn diese Reise nie der Höhepunkt meiner Kindheit sein wird – die Lektionen und Erkenntnisse, die ich daraus gewonnen habe, bleiben mir ein Leben lang erhalten.

Meistens können wir in unserem Leben selbst entscheiden, was wir auf unserem Weg mitnehmen wollen – und damit meine ich sowohl materielle als auch emotionale Dinge. Wenn wir auf unserer Lebensreise zu viele Besitztümer in den Rucksack packen, überfordern wir uns und können nicht mehr frei und unbelastet unterwegs sein. Ebenso müssen wir versuchen, kein unnötiges emotionales Gepäck oder das Gewicht der Erwartungen anderer mitzuschleppen, denn auch diese können schwer und lähmend sein.

Für mich bedeutete mein Fehler damals lediglich eine zweiwöchige Strapaze, wenn ich sie auch bis heute nicht vergessen habe. In Bezug auf Emotionen kann das Unglück viel länger anhalten, falls wir nicht vorsichtig und achtsam sind. Deshalb müssen wir immer daran denken, unsere Last so gering wie möglich zu halten und weise für die Reise zu packen, auf der wir uns befinden. Nehmen Sie nur das Notwendige mit und lassen Sie alles andere zurück.

Außerdem denke ich, dass meine Geschichte eine weitere Bestätigung dafür ist, dass Mütter immer recht haben.

Packe keine Tasche, die
du nicht tragen kannst.

Das Geheimnis der Stille liegt in der Erkenntnis,
dass sie ein Genuss und keine Strafe ist.

LERNEN SIE, ZEIT ALLEIN ZU VERBRINGEN

Warum haben wir Angst vor dem Alleinsein? Das Wort »allein« hat oft einen negativen Beigeschmack, ein Gefühl der Unerwünschtheit oder des Getrenntseins. Wir befürchten, dass wir die Vielfalt des Lebens, besondere Momente und bedeutungsvolle Verbindungen verpassen, wenn wir allein sind.

Was ist also der Sinn des Alleinseins? Welchen Wert hat es, sich gelegentlich abzusondern, auf Distanz zu gehen? Heutzutage ist das Leben stark von gesellschaftlichen Zusammenkünften und Interaktionen, ständigen Reizen und endlosem Austausch bestimmt. Wir sind immer online, in Kommunikation, unter Menschen, sind so vielen Dingen und Stimmen ganz unmittelbar ausgesetzt. Und das kann auf Dauer ermüdend sein. Wenn wir uns dafür entscheiden, einen Schritt zurückzutreten, um Momente des Alleinseins zu genießen – fünf Minuten, zehn Minuten, eine Stunde –, gibt uns das die Chance, wieder zu atmen, im wörtlichen und übertragenen Sinne.

Wir »entstimulieren« uns, wir können Geschehenes verdauen. Wir können nachdenken und erkennen, wie die Welt um uns herum auf uns einwirkt. Das beste Mittel dafür sind ruhige Augenblicke abseits vom Lärm des Lebens und der Gesellschaft anderer Menschen.

Allein zu sein bedeutet nicht, etwas zu verpassen, es geht vielmehr darum, sich auf sich selbst einzulassen, die Freude an der eigenen Gesellschaft zu entdecken und die innere Mitte zu finden.

Je öfter ich heutzutage umherreise, desto mehr sehne ich mich danach, eine Zeit lang allein zu sein. Nicht um den Freuden des Lebens den Rücken zu kehren, sondern um zu spüren, dass ich mich sinnhafter beschäftigen kann. Je weiter wir uns von der Welt entfernen, desto näher kommen wir uns manchmal selbst, desto mehr können wir uns in der Einsamkeit wohlfühlen, desto vertrauter und erfüllender wird sie. Die Stille kann uns ein Gefühl der Sicherheit vermitteln, ein Gefühl, das in unserer geschäftigen und lauten Welt notwendig, wesentlich und stärkend ist. Zu lernen, allein zu sein, ist ein Gefühl des Nach-Hause-Kommens.

Eine meiner Lieblingsbeschäftigungen ist es, alleine in einem Restaurant zu Mittag zu essen, also eine Mahlzeit nur mit mir als Gesellschaft zu genießen. Als junger Mann war dies eine fast beängstigende Vorstellung für mich: Andere würden mich mitleidig anschauen und denken, dass ich allein in der Welt sei und niemand Zeit mit mir verbringen möchte. Inzwischen weiß ich, dass all das völlig unbegründete Befürchtungen waren. Und es macht im Gegenteil so viel Freude, in der eigenen Gesellschaft zu sein; es ist ein Geschenk der absoluten Freiheit.

Am Ende ist Einfachheit das
unvermeidliche Ergebnis.

Können ist das Ergebnis von
Wiederholung, Einfachheit ist das
Ergebnis von Erkennen.

SCHRITT ELF
DIE WEISHEITSFALTUNG

Wir sind fast am Ziel, aber es besteht keine Eile. Ein paar Faltungsschritte bleiben zu tun, und wir sollten sie so richtig genießen. Der vorletzte Schritt ist die Weisheitsfaltung. Mit ihr wollen wir der Papierform Leben einhauchen. Sie ist anspruchsvoll und filigran, aber das ist auch gut so, denn es ist die Faltung, die unserem majestätischen Geschöpf das Leben schenkt.

Fahren Sie zunächst mit dem Daumen den Hals hinauf, zwischen den Faltkanten, um ihn zu verbreitern. Messen Sie mit dem Daumen einen Zentimeter von der Spitze und legen Sie den Zeigefinger auf die Rückseite des Halses. Drücken Sie leicht von hinten und knicken Sie die Spitze waage-

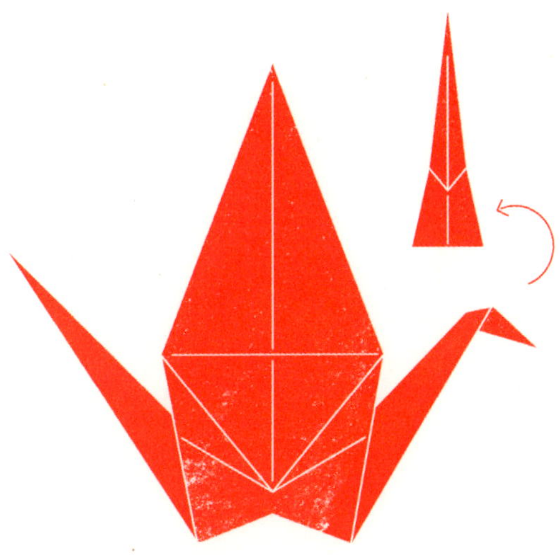

recht nach vorne, sodass der Kopf des Kranichs entsteht. Gehen Sie dabei behutsam vor, da die Spitze leicht verknittert werden kann. Um eine ausgeprägte Kopfform zu erhalten, drücken Sie den Falz auf dem Kopf von oben etwas ein. Das ist bei dem kleinen Kopf ein durchaus schwieriges Unterfangen, also ärgern Sie sich nicht, wenn es nicht auf Anhieb so ganz perfekt gelingt.

FALTUNGEN DES GLÜCKS

FREUDE

LIEBEVOLLE VERFEINERUNG

Nun da wir zum letzten Schritt kommen, hoffe ich, dass dieses Buch Ihnen bisher gute Dienste geleistet hat. Im Laufe meines Lebens habe ich gelernt, dass Freude eine Praxis der ständigen Wiederentdeckung und der liebevollen Verfeinerung ist. Unser Dasein ist einfach ein Geschenk des Selbstgewahrseins, das sich in jedem Moment mit neuen Inspirationen und innerer Verbundenheit entfaltet.

Glück ist einfach da; eine nach innen gerichtete Wärme, die nach außen abstrahlt und die wir nur dann wirklich finden können, wenn wir unseren eigenen Weg mit zahlreichen kleinen Schritten gehen.

DIE KINDHEIT GERÄT SCHNELL IN VERGESSENHEIT

Im Laufe meines Lebens hatte ich das Glück, schon mit vielen Gelehrten und spirituellen Lehrern zusammenzusitzen. Meine großartigsten Erkenntnisse jedoch habe ich aus der Interaktion mit Kindern gewonnen, die die Welt mit neugierigen Augen und einem wissbegierigen Geist betrachten. Kinder haben eine Art, vorbehaltlos Schönes zu sehen und mit ehrlicher Direktheit zu sprechen; sie sind unbelastet von den Anfechtungen des Erwachsenwerdens und bleiben rein in ihrer Unbefangenheit. Wenn ich mit Kindern rede, stelle ich fest, dass sie ihre Beobachtungen nie beschönigen. Ihre Ehrlichkeit ist erfrischend in einer Welt voller manipulierter Wahrheiten, die unseren konstruierten Realitäten und Heilfantasien dienen.

Da ich selbst keine Kinder habe, nehme ich mir, wenn ich bei Freunden oder Familienmitgliedern mit kleinen Kindern zu Gast bin oder an einer Veranstaltung teilnehme, bei der Kinder anwesend sind, Zeit, um mit den

Kleinen zu sprechen und ihnen Fragen zu stellen. Manchmal sind die Antworten etwas konfus und wenig aussagekräftig, aber auch dann habe ich immer große Freude an dem quirligen Geist und der überschäumenden Lebensfreude der Kinder. Oftmals jedoch (und öfter als man denkt) sind ihre Antworten tiefgründig und aufschlussreich, einfach weil sie keine Worte verschwenden oder Untertöne kaschieren.

Bei all diesen Begegnungen mit Kindern haben sich für mich vier Faktoren herauskristallisiert, die für mich der Grund sind, warum ihre Worte so viel Weisheit enthalten.

Erstens geraten Kinder bis zu einem gewissen Alter nicht in einen Konflikt mit den Erwartungen anderer. Sie machen sich keine Gedanken, was andere darüber denken könnten, was sie sagen, oder wen sie damit vielleicht vor den Kopf stoßen; sie beschönigen nichts mit Rücksicht auf die Gefühle eines Gegenübers. Deshalb können die Bemerkungen von Kindern sowohl herrlich erfrischend als auch brutal sein. Wahrscheinlich haben wir alle schon einmal den kritischen Blick eines Kindes zu spüren bekommen, und es kann sehr beschämend sein zu hören, dass man hässliche Schuhe trägt, komisch riecht oder andere immer herumkommandiert. Aber Kinder äußern solche Dinge nicht, um zu verletzen, ihre Worte sind nicht boshaft, sie teilen einfach ehrlich mit, wie sich die Welt aus ihrer Sicht darstellt. Lächeln Sie, wenn Sie mit einem solchen Kinderkommentar konfrontiert werden, und seien Sie nicht verärgert. Es ist unsere Aufgabe, den kritischen Geist von Kindern zu fördern, denn im Leben werden sie noch früh genug entmutigt, ehrlich zu sein.

Zweitens sind Kinder von Natur aus einfach gestrickt. Sie wissen wenig über das Leben, und ihr Verständnis von der Welt ist noch gering, vieles werden sie erst später erfahren. Ihr Leben ist freudig und besteht hauptsächlich aus Schlafen, Essen, Lernen und Spielen. Glücklicherweise sind sie nicht mit der Komplexität der Pubertät oder des Erwachsenenlebens belastet. Wir können daraus lernen, dass die einzigen wichtigen Dinge diejenigen sind, die uns helfen, gut zu leben und das Leben zu genießen. Ego, Anhaftung und Komplexität haben dann keinen Platz.

Drittens: Kinder sind gar nicht in der Lage, außerhalb der Gegenwart zu leben. Sie belasten sich nicht mit dem Kummer von gestern oder den Sorgen, was morgen passieren wird; sie sind unfähig zu dieser Art von Quälerei und Projektionen. Wenn etwas nicht jetzt geschieht, geschieht es überhaupt nicht. Kinder lassen sich einfach von jedem Augenblick mitreißen, immer mit der Aufmerksamkeit für das Hier und Jetzt.

Und schließlich stellen Kinder das momentane Glück über alles andere. Sie denken nicht darüber nach, wie ihr Leben gerade so ist, sie wollen einfach jeden Augenblick in vollen Zügen genießen. Als Erwachsene hingegen lassen wir es zu, dass Verpflichtungen und Erwartungen unser Glück einschränken; wir halten Maß und freuen uns nur dann, wenn es uns angemessen erscheint. Kinder hingegen überlegen nicht lange und greifen zu, wenn es ein Eis zu essen gibt. Sie springen voller Freude in jede Pfütze und verschwenden keinen Gedanken daran, dass sie schmutzig werden oder sich erkälten könnten. Kinder machen keine Nutzen-Risiko-Analysen, solche Abwägungen zählen zu den Beschwernissen des Erwachsenseins. Als Erwachsene ersetzen wir Freude durch Komplexität. Deshalb sollten wir uns immer an die Weisheit der Kinder erinnern und uns vor Augen führen, dass es viel besser ist, keine Erwartungen an das Leben zu haben. Leben Sie einfach, bleiben Sie präsent und entscheiden Sie sich für das, was Sie wirklich glücklich macht – genau jetzt, in diesem Moment.

Leben ist nicht ein Akt des Entdeckens,
sondern ein Akt des Erinnerns.

EIN GEBET FÜR UNTERWEGS

Jeden Tag erinnere ich mich daran,
dass ich so weit gekommen bin,
Nicht um anzukommen, sondern um zu entdecken,
was sich auf dem Weg entfaltet.

Doch ich habe es nicht eilig, denn ich muss nirgendwo hin.
Lass dich nicht von der steigenden Flut verführen,
Geh weiter mit Sanftmut, bedingungslos, uneingeschränkt,
Sei geduldig und verlangsame deine Schritte.

Dieser Lebensweg ist ein Geschenk, das wir dankbar
annehmen sollten,
Gib dir selbst die Erlaubnis, die Brise zu spüren,
Die Freiheit ist am Horizont zu sehen.

Geh über die Berge und nimm den Weg zum Meer,
Sei neugierig auf das, was hinter dem Sonnenuntergang liegt,
Die sanften Wellen sind nicht unsere einzige Ruhe.

Steh jeden Tag auf, damit wir uns erinnern können,
Liebe unermüdlich, biete Vergebung an,
Dieser Weg muss liebevoll beschritten werden.

Die Zeit ist ein Geschenk,
Lass sie die Vergangenheit wegspülen,
Lass alles, was bleibt, unsere Freude sein.

Aber ich habe trotzdem keine Eile.

Ein Vogel kann
nicht fliegen ohne
ein offenes Herz.

AM ENDE FINDEN WIR EINEN NEUEN ANFANG

Im Leben finden alle guten Dinge ein Ende, doch damit ist nicht alles vorbei. Wir sollten diese Momente voller Freude betrachten, denn aus ihnen kann sich wieder etwas Neues entwickeln.

Am Ende dieses Buches finden Sie einige leere Seiten. Ich habe sie freigelassen, damit Sie noch mehr Platz zum Entdecken haben. Lassen Sie dies ein Geschenk des Neubeginns sein. Wenn Sie die Seiten zum Falten verwenden möchten, entfernen Sie sie vorsichtig, damit der Einband des Buches oder der Buchrücken nicht reißt. Vielleicht können Sie die Seiten aber auch nutzen, um Ihre eigenen Geschichten und liebevollen Weisheiten aufzuschreiben. Wenn Sie sich kreativ fühlen, lassen Sie Ihrer Fantasie und Ihrem Stift freien Lauf.

Was auch immer Sie mit diesen Seiten anstellen, schenken Sie sich selbst diesen Raum, um zu entschleunigen und zu sehen, was daraus entsteht.

Auch der schönste Sonnenuntergang
macht irgendwann Platz für die
aufgehende Sonne.

Freude ist das Ergebnis davon, nichts zu brauchen und schon alles zu haben.

SCHRITT ZWÖLF
DIE LETZTE FALTUNG

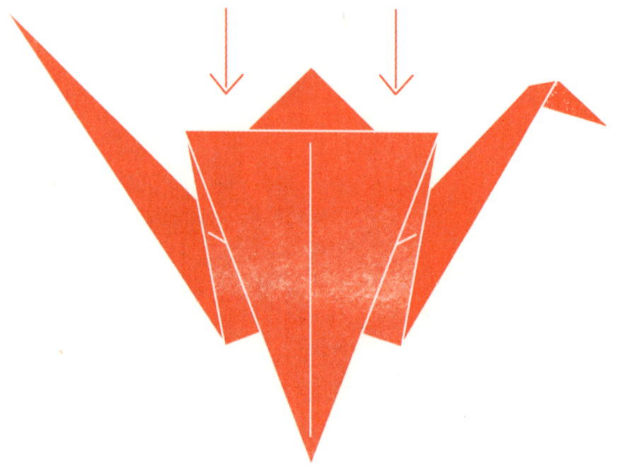

Sie sind beim letzten Schritt angelangt, und auch wenn er für diesen Kranich der letzte Schritt sein mag, ist er erst der Anfang. Während Sie den Kranich vollenden, können Sie die Reise noch einmal Revue passieren lassen, die Sie hierhergebracht hat. Und dann ist es an der Zeit, Ihre Flügel auszubreiten und zu fliegen. Um die Kranichflügel zu falten, halten Sie den Kranich einfach in einer Hand, während Sie mit Daumen und Zeigefinger der anderen Hand die Vorder- und Rückseite eines der Flügel entlangfahren. An der Basis des Flügels knicken Sie ihn vorsichtig nach unten und falzen mit dem Daumen nach. Wenn es hilfreich ist, stellen Sie den Kranich auf den Tisch, um die harte Oberfläche zu nutzen, damit der Falz tief und überzeugend wird. Wenn Sie fertig sind, drehen Sie den Kranich einfach um und falten den anderen Flügel nach unten, auf der gleichen Höhe wie den ersten Flügel. Dies ist der erste Flügelschlag, mit dem sich der Kranich auf den Flug vorbereitet. Es ist die Geburt des vollkommenen Kranichs. Dieser Moment ist für mich immer aufregend und inspirierend zugleich.

Der letzte Schritt beim Falten Ihres Papierkranichs ist dann gar kein Falten mehr, sondern ein Entfalten. Drehen Sie den Kranich nach vorne, sodass er in die Zukunft blicken kann, halten Sie die Flügel behutsam an den Spitzen fest und spreizen Sie sie nun ganz vorsichtig auseinander. Dieser letzte Schritt haucht dem Körper des Vogels Leben ein und schenkt Ihrem Kranich den Lebensfunken. Sie sind am Ziel angekommen, und Ihr Papierkranich ist fertig. Wenn Sie ihn noch in der Hand halten, stellen Sie ihn vielleicht auf den Tisch und lehnen Sie sich zurück. Nehmen Sie sich einen Moment Zeit, um das Ergebnis Ihrer Arbeit bewusst zu betrachten und zu würdigen. Ich hoffe, dass Sie Freude empfinden und dass Sie diese Reise genossen haben.

Das ist das Geschenk von Senbazuru, einer achtsamen Praxis, die es uns ermöglicht, innezuhalten und uns nach innen zu wenden, um unseren Weg der Hoffnung, der Heilung und des Glücks auszuloten.

Jetzt ist es an der Zeit, sich auf den Weg zu machen und tausend Papierkraniche zu falten. Zu Beginn mag es wie eine fast unmögliche Mammutaufgabe erscheinen, aber denken Sie daran, dass Sie nicht allein sind. Das Falten Ihres Senbazuru ist eine Reise der Selbsterfahrung; jede Faltung sollte bewusst und zielgerichtet sein. Und auch wenn auf dem Weg dorthin die eine oder andere Faltung vielleicht missglücken wird, sollten Sie dies jeweils nicht als Fehlschlag ansehen. Es sind einfach Momente, aus denen Sie lernen und die Sie wieder loslassen können. Das Schöne an dieser Reise ist, dass jeder Kranich ein neuer Anfang ist, jede neue Faltung inspiriert von denen, die vorher kamen. Überstürzen Sie diesen Prozess nicht, Sie haben viel Zeit, damit sich Ihre Wunschvorstellung entfalten kann.

LASSEN SIE IHRE REISE SICH ENTFALTEN

VORWÄRTS

EINEN EIGENEN SENBAZURU SCHAFFEN

Ich werde Frieden auf deine Flügel
schreiben, und du wirst durch die
ganze Welt fliegen.

Sadako Sasaki

DIE FEDER DER HOFFNUNG

Die Legende besagt, dass wenn man innerhalb eines Jahres tausend Papierkraniche faltet, ein Wunsch in Erfüllung geht. Oft wird dieser Wunsch zu Beginn der Reise geäußert und dient als Leitmotiv für die vielen folgenden Faltungen. Laut mancher Überlieferung soll man seinen Wunsch nicht laut aussprechen, sondern ihn im Herzen anstatt auf der Zunge tragen. Deshalb falte ich, bevor ich mit den tausend Kranichen anfange, zuerst eine Feder aus Papier, die meine Wunschvorstellung enthält. Ich nenne sie die *Feder der Hoffnung*.

Ich schreibe meinen Wunsch auf ein Blatt Papier und nehme mir einen Moment Zeit, um mich darauf zu fokussieren. Dann falte ich es zu einer Feder der Hoffnung, die ich später beim Falten der Kraniche immer in der Nähe habe. Vielleicht möchten Sie dies jetzt auch tun? Dann nur zu! Mir ist dies inzwischen zu einer festen und lieben Gewohnheit geworden. Die Erschaffung eines Senbazuru ist keine leichte Aufgabe, aber haben Sie keine Angst vor der Reise, die vor Ihnen liegt, sondern genießen Sie einfach diesen neuen Anfang. In vielen Kulturen auf der ganzen Welt steht eine Feder symbolisch für Stärke, Weisheit, Freiheit und Hoffnung, und dies lässt sich auch auf die gefaltete Feder übertragen. Manchmal nehme ich sie zwischen zwei Faltungen in die Hand, damit ich ihre Bedeutung in meinem Herzen spüren kann.

Nach Fertigstellung Ihres Senbazuru können Sie, wie ich es tue, die Feder an den zentralen Knotenpunkt hängen, an dem alle Fäden zusammenlaufen, als Symbol für die Reise vom Anfang bis zum Ende. Die *Feder der Hoffnung* wird immer über den Kranichen schweben und ihnen als Wegweiser dienen, damit sie sich an ihr Ziel erinnern, wenn sie ihrer Absicht folgend abheben.

Wählen Sie die Farbe Ihrer Feder mit Bedacht. Sie soll im Einklang mit den Eigenschaften des Wunsches stehen, ohne zu verraten, worum es sich handelt. Wenn Sie sich zum Beispiel eine tiefe und liebevolle Beziehung wünschen, wird das Papier rot sein – oder gelb, wenn Sie ein langes Leben und Glück anstreben.

Für Ihre persönliche Feder müssen Sie keine neuen Faltungen lernen, sondern einfach die Schritte 1–8 des Papierkranichs ausführen. Die Form, die sich nach diesen acht Faltungen ergibt, ähnelt einer Feder (weshalb Schritt acht auch »Die Feder der Hoffnung« heißt). Hängen Sie die fertige Feder so auf, dass die Spitze nach oben zeigt und das andere Ende im Wind wehen kann.

VOLLENDUNG DES SENBAZURU

Nachdem Sie tausend Papierkraniche gefaltet haben, geht es nun abschließend darum, sie zu einem Schwarm zusammenzuführen. Es gibt zwei verschiedene Wege, um die Reise zu vollenden, wählen Sie den, der Ihnen lieber ist.

Falten, dann fliegen (erst falten, dann auffädeln) – Falten Sie zuerst alle tausend Kraniche und fädeln Sie sie zum Schluss auf, damit sie als ein hängendes Kunstwerk zusammen fliegen können. Es ist übrigens kein Muss, jeden Tag Kraniche zu falten – an manchen Tagen werden Sie Lust und Energie haben, viele Kraniche zu falten, an anderen Tagen werden es nur einige wenige oder gar keine sein. Falls Sie jedoch ein Mensch sind, der einen gleichmäßigen Rhythmus bevorzugt, dann falten Sie jeden Tag zwei oder drei Kraniche, und Sie werden innerhalb eines Jahres tausend schaffen.

Falten in Schwärmen (vierzig Kraniche auf einmal) – Falten Sie Ihre Kraniche in Schwärmen von je vierzig Stück. Sie könnten zum Beispiel farbenweise vorgehen und jeweils Kraniche von nur einer Farbe falten. Wenn Sie mit den vierzig Kranichen fertig sind, fädeln Sie sie auf einen Faden und befestigen Sie sie mit kleinen Knoten im Faden. Wiederholen Sie diesen gesamten Vorgang insgesamt fünfundzwanzig Mal, bis Sie tausend Kraniche geschaffen haben. Wenn Sie ein Durcheinander der aufgefädelten Kraniche vermeiden möchten, falten Sie die Flügel der Kraniche nicht auf, sondern lassen Sie die Kraniche flach, damit sie sich besser an die anderen schmiegen können. Nach Fertigstellung aller Kranichfäden befestigen Sie sie an einem einzigen Haken, damit die tausend Kraniche gemeinsam fliegen können.

Der rote Faden

Ein roter Faden ist in vielen Kulturen ein Sinnbild. Er symbolisiert die Verbindung zwischen Ideen, Menschen oder Traditionen. Rot ist, wie wir wissen, eine kraftvolle Farbe, leuchtend und leidenschaftlich wie die Sonne. Beim Auffädeln eines Senbazuru verbindet ein roter Faden all die vielen Kraniche in Einigkeit und Gemeinschaft miteinander. Er ist im buchstäblichen ebenso wie im übertragenen Sinne der rote Faden, der den Schwarm während einer solchen Herzensreise zusammenhält.

Die goldene Perle

Wenn Sie Ihre Papierkraniche auffädeln, beginnen Sie mit einem Doppelknoten am Ende eines starken Fadens. Darauf schieben Sie erst einmal eine Perle. Beides dient dazu, dass Ihre Vögel nicht wegfliegen. Sie können eine beliebige Perle verwenden, aber ich persönlich entscheide mich fast immer für eine goldene Perle am unteren Ende des Fadens. Traditionell ist Gold die Farbe des Glücks, und den Faden so beginnen zu lassen, verleiht ihm eine besondere Bedeutung.

EIN ZUHAUSE FÜR DEN SENBAZURU

Sobald ein Senbazuru fertiggestellt ist, braucht es einen angemessenen Platz oder ein Zuhause, den oder das er schmücken kann. Manche Menschen hängen ihren Senbazuru in ein Fenster oder einen Raum in ihrer Wohnung, der der Absicht gerecht wird. Andere bringen ihn zu einem öffentlichen oder privaten Ort der Andacht, zum Beispiel einem Tempel, einem Gemeindezentrum oder dem Haus eines älteren Verwandten, und hängen ihn dort auf, um jemandem oder einer Sache Respekt zu erweisen. In Zeiten einer Tragödie oder eines Unglücks werden Senbazurus als Zeichen der Hoffnung und des Friedens in Gedenkstätten, Museen oder Orten von besonderer Bedeutung angebracht. Zu feierlichen Anlässen, wie Hochzeiten oder bedeutenden Abschlüssen, werden Senbazurus als freudige Gaben überreicht. Oft werden Kraniche in der gleichen Weise verschenkt, wie man einen Blumenstrauß zu glücklichen oder traurigen Anlässen mitbringen würde.

Die Reise zu den tausend Kranichen ist unweigerlich ein Prozess, der sich Schritt für Schritt entfaltet, und jeder, der sich entscheidet, diesen Weg zu gehen, sollte sich bewusst sein, dass es ein ernsthaftes Unterfangen ist. Ich selbst genieße die Praxis, mich über einen längeren Zeitraum hinweg einer achtsamen Tätigkeit zu widmen. Für Menschen, die ein geschäftiges und stressiges Leben führen, wird diese Reise eine Offenbarung sein.

Jetzt ist es also an der Zeit, dass Sie beginnen. Lassen Sie sich von dem, was Sie gelernt haben, für Ihre weitere Reise inspirieren. Ich wünsche Ihnen alles Gute. Gehen Sie behutsam voran. Sie haben in diesem Buch viele liebevolle Weisheiten kennengelernt, die Sie auf Ihrem Weg begleiten werden. Halten Sie sie gut fest und befragen Sie sie oft. Und doch können sie Sie nur bis zu einem gewissen Punkt führen. Vor Ihnen liegt ein Weg, den nur Sie gehen können. Lassen Sie sich anregen, aber nicht hetzen.

Denken Sie immer daran, dass der Weg zum Glück mit kleinen Schritten begangen wird und viele Etappen umfasst. Die schönsten Reisen sind die, die in einem sanften Tempo zurückgelegt werden.

Am Ende finden wir immer einen neuen Anfang, das möchte ich Ihnen noch auf den Weg mitgeben.

Dies soll Ihr Neuanfang sein.

WIE EIN PAPIERKRANICH ENTSTEHT

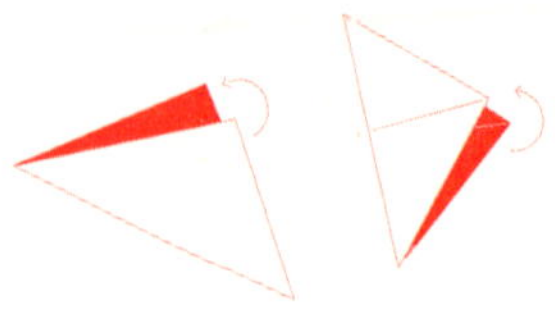

Schritt 1
Die Diagonalfaltung

Schritt 2
Die Buchfaltung

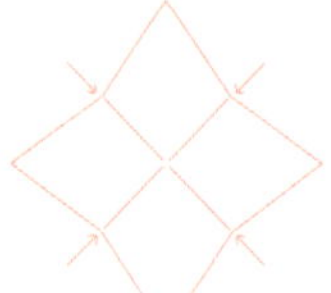

Schritt 3
Die Sandwichfaltung

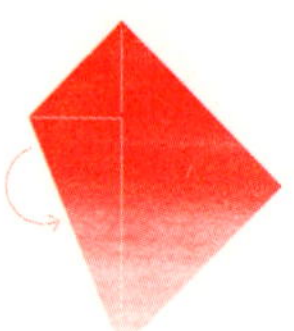

Schritt 4
Die Drachenfaltung

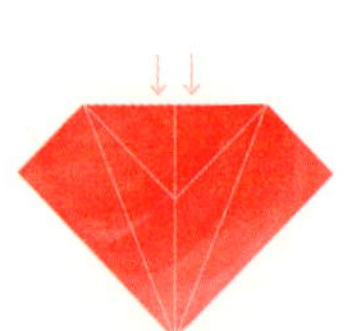

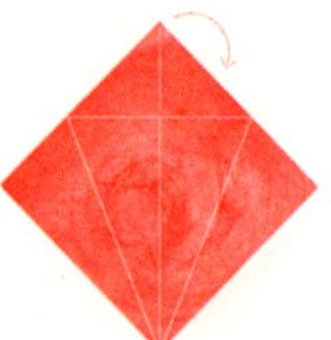

Schritt 5
Die Dreieckfaltung

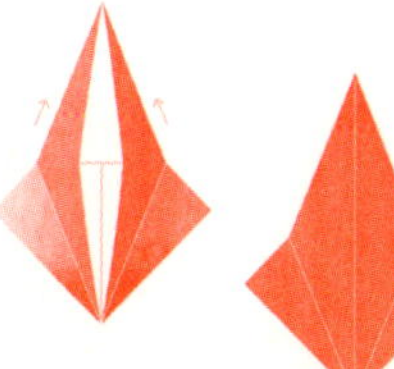

Schritt 6
Die Muschelfaltung

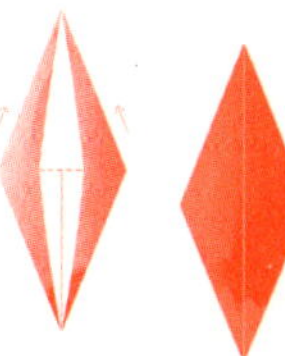

Schritt 7
Die Rautenfaltung

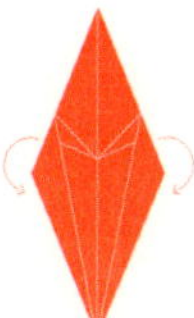

Schritt 8
Die Feder der Hoffnung

Schritt 9
Die Stäbchenfaltung

Schritt 10
Die Kronenfaltung

Schritt 11
Die Weisheitsfaltung

Schritt 12
Die letzte Faltung

Wenn wir die Ablenkungen
des Lebens ausschalten,
bleibt nur noch die Freude.

Die amerikanische Originalausgabe erschien 2021 unter dem Titel
»Senbazuru – Small Steps to Hope, Healing and Happiness«.
Published by arrangement with Rachel Mills Literary Ltd.

Penguin Random House Verlagsgruppe FSC® N001967

1. Auflage

einem Unternehmen der Penguin Random House Verlagsgruppe GmbH,
Neumarkter Straße 28, 81673 München
Projektleitung: Sven Beier
Satz: Uhl + Massopust Aalen
Umschlaggestaltung und Konzeption: Geviert, Grafik & Typografie
unter Verwendung eines Motivs von Niki Priest
Druck & Bindung: CPI books GmbH, Leck
Printed in Germany

ISBN 978-3-424-15430-6